Rosa María Martín
Martyn Ellis

Hodder & Stoughton
A MEMBER OF THE HODDER HEADLINE GROUP

Acknowledgements

The authors would like to thank the following people for their contribution to the production of this book:

Tessa and Isabel Ellis-Martín, our daughters; the Señores Manuel Martín and Rosa Yuste; the children of Belchite and Zaragoza who allowed themselves to be photographed and recorded; the director, staff and children of the Colegio Santo Domingo de Silos, Zaragoza, especially Josefina Lafoz, and finally the editorial team at Hodder: Max Cawdron, Emma Breedon, Rosa Blanco and Tim Gregson-Williams, not forgetting everyone else who has contributed to this book.

The authors and publishers are grateful to the following for the permission to reproduce photographs:

Gonzalo M. Azumendi p.149; R.D. Battersby pp.36, 113; Bruce Coleman p.155; Corbis pp.115, 127; Corel p.155; Generalitat de Catalunya, Direcció General de Turisme p.148; David Díaz Gómez p.47; Robert Harding pp.118, 148, 150; Heinz Hebeisen p.149; César Justel p.149; Life File pp.14, 36, 91, 111, 119, 121, 147, 155; Marco Polo p.131; El País Internacional, S.A. p.82; Cristina García Rodero p.149; Jorge Sierra p.146; Spanish National Tourist Office p.148; Topham Picture Point p.113; Antonio Vázquez p.146; Visum p.130; Woodsin Camp Assoc. p.130.

The authors and publishers would like to thank the following for permission to reproduce material in this volume:

Ediciones B pp.19, 22, 72, 75; Diez Minutos p.34; CCC, S.A. Centro de Estudios p.35; Bravo pp.57, 83; Chica Hoy p.58; Tú p.63; Veinte de Kopas p.63; Supertele pp.64, 66; TV Notas p.67; On-Off pp.71, 73; Chica Hoy p.72; El País Internacional, S.A. pp.64, 72, 81, 82; RCS Libri & Grandi Opere, Milan p.72; ¡Hola! p.73; El Semanal TV p.73; Free Rock p.73; Súper Júnior p.73; Ecología y Sociedad p.73; Aire Libre p.73; Telva p.73; Muy Interesante p.73; Rutas del Mundo p.73; Pantalla 3 p.78; Mafalda, © Quino, Editorial Lumen, Barcelona p.81; 'Adivinanza' from Pequeño País, Anne Serrano, Emilio Urberuaga p.82; © Hallmark Cards Ibérica, S.A., © 1958, 1965 United Feature Syndicate Inc. p.89; Popy Cards © by Cartorama S.L., top left p.95; © Hallmark Cards Inc, © Hallmark Cards Ibérica, S.A., top right, lower left and lower right p.95; © Hallmark Cards Ibérica, S.A., © Optipresent ® München, lower middle p.95; © Hallmark Cards Ibérica, S.A., lower right p.95. Cards on p.107: no.1 © Second Nature 1993; nos.2, 3, 5 © Hallmark Cards Inc, © Hallmark Cards Ibérica, S.A.; no.4 © Hallmark Cards Ibérica, S.A.; no.6 © Hallmark Cards Ibérica, S.A., © Dick de Rijk productions; nos.7, 9 © 1958, 1965 United Feature Syndicate Inc, © Hallmark Cards Inc, © Hallmark Cards Ibérica, S.A.; no.8 © 1978 United Feature Syndicate Inc, © Hallmark Cards Inc, © Hallmark Cards Ibérica, S.A.; map of Mexico City pp.109, 110 © 1994 Jorge Escudero, Souvenir Travel Art, Mexico; Zerkowitz p.117; Picasso: Aldeasa; © Visual E.G.A.P. Madrid, 1993; © Succession Picasso/DACS 1997; Ragazza p.129; Geo for the map of Buenos Aires p.130; Carlos Gardel's *Mi Buenos Aires Querido* 1997 © EMI Odeon SAIC Argentina ; Parque de Atracciones, Zaragoza p.134; Port Aventura S.A. pp. 136, 137, 138; Aquopolis, Salou p.139; Cuadernos de Viajar p.150; Garfield, © Jim Davis, Universal Press Syndicate p.153.

The publishers would also like to thank the following for their illustrations: Sascha Lipscombe, Madeleine Hardie, Fred Pipes, Chris Halls, Andrew Warrington, Phil Dobson, and Tina Schneider.

Design concept and cover illustration: Amanda Hawkes
Designed by: Mind's Eye Design, Lewes.

The authors and publishers have made every possible effort to trace all copyright holders. In the few cases where copyright holders could not be traced, due acknowledgement will be given in future reprintings if copyright holders make themselves known to the publishers.

British Library Cataloging-in-Publication Data

ISBN 0-340-63090-6
Martín, Rosa María
Aventura. - Book 2
I. Title II. Ellis, Martyn

First published 1997
Impression number 10 9 8 7 6 5 4 3 2
Year 2003 2002 2001 2000

Printed in Dubai for Hodder and Stoughton Educational, a division of Hodder Headline PLC, 338 Euston Road, London NW1 3HB, by Oriental press.

Contents

Contents

Contents

Contents

¡Bienvenidos a aventura!

Welcome to the second book of **aventura**. You should now have enough confidence to enjoy communicating effectively in Spanish. We hope this book will help you enjoy your language learning. Have fun!

Here are some hints to remind you how to get the most from **aventura** ...

- In class, try to speak Spanish at all times. Be prepared to try things out, and don't be afraid to make mistakes. Help each other all the time.
- Use the vocabulary section at the back of the book, or your own dictionary, to look up words you do not know.
- Use the grammar section to find explanations of the way Spanish sentences are made.
- Make sure you do all your homework and practise the new words and sentences you have learnt.
- Most important of all, enjoy yourself.

Good luck! ¡Buena suerte!

SYMBOLS IN aventura

There are symbols to help you understand what kind of activity you are doing. The main ones are given here and are usually followed by more instructions in Spanish.

 Listening *Escucha ...*

 Speaking *Habla ...*

 Reading *Lee ...*

 Writing *Escribe ...*

 Tells you that you may need to look up words.

OTHER SYMBOLS THAT APPEAR

Project activity.

Reminds you not to write in this book.

Reminds you to look at the grammar section for more help.

Helps you with vocabulary.

Main instructions for tasks

You will also see these phrases:

Adivina (Adivinad)	*Guess*
Ahora tú	*Now you*
Busca	*Look for*
Canta	*Sing*
Cambia	*Change*
Comprueba	*Check*
Completa	*Complete*
Contesta	*Answer*
Continúa	*Continue the task*
Describe	*Describe*
Dibuja	*Draw*
Dicta	*Dictate*
Ejemplo	*Example*
Elige	*Choose*
Estudia	*Study*
Indica	*Indicate, mark*
Inventa	*Invent*
Lee en voz alta	*Read aloud*
Mira	*Look*
Ordena	*Put in order*
Pregunta	*Ask*
Prepara un poster	*Prepare a poster*
Repite	*Repeat*
Une	*Link, join*
¿Verdad o mentira?	*True or false?*

General classroom language

You will hear from your teacher:

Aprended de memoria.	*Learn off by heart.*
Cuando termines (terminéis).	*When you finish.*
¿Cuántos puntos tienes?	*What mark did you get? (to one person)*
¿Cuántos puntos tenéis?	*What mark did you get? (to the group)*
Empieza (Empezad).	*Begin.*
En casa.	*At home.*
En silencio.	*In silence.*
Encuentra (Encontrad).	*Find.*
Espera (Esperad).	*Wait.*
¿Has (Habéis) terminado?	*Have you finished?*

Haz el ejercicio/la actividad/el test.	*Do the exercise/activity/test.*
Individualmente.	*On your own.*
Levantaos.	*Stand up (to the group).*
Levántate.	*Stand up (to one person).*
Marca ✔ en la casilla.	*Put a tick in the box.*
Marca ✘ en la casilla.	*Put a cross in the box.*
Mima (Mimad).	*Mime.*
No está bien.	*It's not very good.*
No mires (miréis).	*Don't look.*
Otra vez.	*(Try) again.*
Pon (Poned).	*Place, put.*
¿Qué dice?	*What is he/she saying?*
¿Qué dicen?	*What are they saying?*
Repasa (Repasad).	*Revise.*
Sentaos.	*Sit down (to the group).*
Siéntate.	*Sit down (to one person).*
Sin diccionario.	*Without the dictionary.*
Termina (Terminad).	*Stop.*
¿Tienes los deberes?	*Do you have your homework?*
Trabajad en grupos.	*Work in groups.*
Trabajad en pares.	*Work in pairs.*
¿Ya está?	*Is it ready?*

You will need to say:

Can you repeat please?	Repite (Repita), por favor.
How do you say cat *in Spanish?*	¿Cómo se dice *cat* en español?
How is it spelt?	¿Cómo se escribe?
I'm sorry I'm late.	Siento llegar tarde.
I'm sorry.	Lo siento/perdona (perdone).
I don't have a pen.	No tengo bolígrafo.
It's my turn.	Me toca a mí.
Slower, please.	Más despacio, por favor.
What did you say?	¿Qué dices?
Your turn.	Ahora tú./Te toca./Tu turno.

Mapa de América Latina

Mapa de España

1 Así es mi instituto

OBJETIVOS

- *Enseñar el instituto.*
- *Explicar y preguntar cuántas aulas hay, dónde están, a qué hora empiezan las clases.*
- *Dar información personal.*
- *Repaso y ampliación.*

A ¡Bienvenida al instituto!

1 **Magda es una chica nueva en el instituto.**
El profesor le enseña el instituto. Indica el orden de la visita.

Ejemplo Entrada = 1

Planta baja
entrada
biblioteca
salón de actos
sala de música
oficina
gimnasio
servicios
ascensor/escalera
pasillo

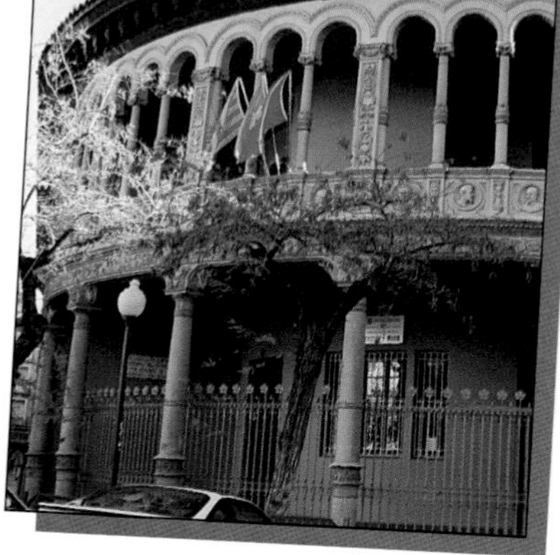

Primera planta
clase 3°A
sala de arte
sala de profesores
laboratorio
sala de informática
sala de vídeo
ascensor

2 **Lee las frases e indica las salas.**

Ejemplo Está al final del pasillo = El ascensor

1 Está enfrente de la oficina.
2 Está entre los servicios y la oficina.
3 Está en la primera planta al lado del laboratorio a la derecha.
4 Está enfrente de la sala de vídeo.

¿Cuánt**os** chic**os** hay?
¿Cuánt**as** chic**as** hay?

Comprueba con tu compañero/a.

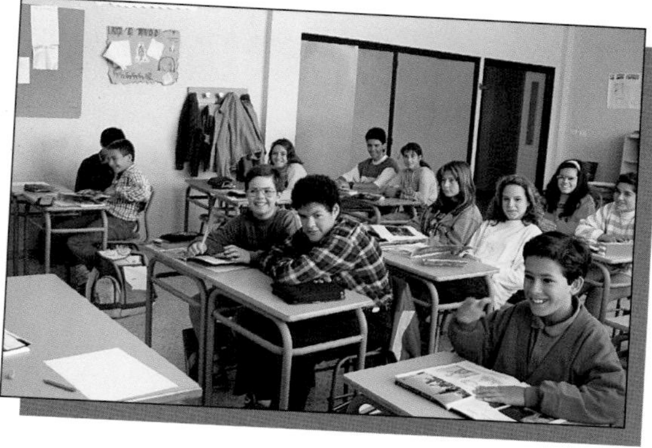

3 **Habla con tu compañero/a.**

Ejemplo Estudiante A: ¿Dónde está el laboratorio?
Estudiante B: Está al lado de la sala de informática.

Continúa

4 **Dibuja un plano de tu instituto y escribe los nombres de las clases, oficinas, salones, etc.** 

 **Escribe un párrafo sobre el plano.**

Ejemplo El salón de actos está al lado de mi clase ...

5 **Magda quiere información sobre el instituto. ¿Qué pregunta? Con tu compañero/a escribe preguntas:**

Empieza: ¿Cuántos/as ... hay? ¿A qué hora ...?

1 el número de profesores.
2 el número de clases.
3 el número de estudiantes en el instituto.
4 el número de estudiantes en la clase.
5 la hora de empezar el día.
6 la hora de terminar.

Compara las preguntas con otros/as compañeros/as.

6 **Magda pregunta a su compañera Rosa Mari. Escucha las respuestas e indica el número correcto.**

7 **En grupos busca la misma información para tu instituto. Estudia las preguntas de Actividad 5. Pregunta a los profesores.**

Escribe la información.
Empieza: En mi instituto hay ... alumnos. Hay ... profesores ...

¡Atención!

el aula = classroom
la clase = classroom or class (pupils)
la informática = information technology
el ordenador = computer (Spanish)
el computador o la computadora = computer (in Latin America)

B Soy Magda

8 **Estudia la ficha de Magda. Cada estudiante del instituto completa esta ficha:**

Apellido:	*Martínez García*
Nombre:	*Magda*
Domicilio:	*Calle Asalto, nº 15, 8º D*
	Zaragoza
Fecha de nacimiento:	*8 de mayo*
Lugar de nacimiento:	*Bogotá, Colombia*
Padre:	*Martínez Blanco, Jorge*
Madre:	*García Suárez, Pilar*
Teléfono (casa):	*297998*
Teléfono (trabajo padres):	*277739 (padre), 238098 (madre)*

Escribe una pregunta para cada información:

Ejemplo Apellido: Martínez García
Nombre: Magda

Pregunta: ¿Cómo te llamas?

9 **Escribe un párrafo sobre Magda con la información de la ficha. Empieza: Hay una chica nueva en mi clase. Se llama ...**

Un pueblo de Colombia

Bogotá

10 **En su primer día en clase Magda escribe sobre sí misma. Lee y escribe frases.**

Ejemplo: Magda tiene dos hermanos.

Me llamo Magda Martínez. Soy de Bogotá pero vivo en Zaragoza. Tengo dos hermanos. Javier tiene catorce años y Mario tiene dieciséis. Me gustan los animales. Tengo un perro en casa. Vivo en un piso de cuatro habitaciones. Mis asignaturas favoritas son las matemáticas, la informática y los deportes. No me gusta mucho la lengua. Los fines de semana me gusta nadar, leer y escuchar música. Vamos al pueblo de mi madre de vacaciones. Está cerca de Bogotá. Mi cumpleaños es el ocho de mayo. Me gustan mucho mis nuevos amigos y mi nuevo instituto.

11 **Habla con tu compañero/a sobre ti. Usa la descripción de Magda como ayuda. Después pregunta a tus compañeros/as. Completa la ficha del instituto.**

C ¿Cómo es tu instituto?

12 **Habla con tu compañero/a: Describe tu instituto.**

13 **En grupos diseñad un póster del instituto. Usad fotos y un plano de las aulas y otros lugares. Escribid los nombres de las aulas, el número de profesores, de alumnos y de clases, y a qué hora empiezan y terminan las clases, etc.**

Aventura Semanal – ¿Sabes?

En España hay un nuevo sistema educativo que se llama la ESO: Educación Secundaria Obligatoria. Tiene dos ciclos. El primer ciclo dura cuatro cursos (primero, segundo, tercero y cuarto). Los estudiantes empiezan a los 12 años y terminan a los 16. El segundo ciclo va de los 16 a los 18 y no es obligatorio. Ahora estudian en el instituto ('secondary school') desde los 12 años.

¡Ya sabes!

Pedir y dar información sobre el instituto:
¿Dónde está el laboratorio?
Está al lado de la sala de informática.
Está en la primera planta.
Está entre la oficina y mi clase.

Pedir y dar información sobre una persona:
¿De dónde eres?
Soy de Bogotá pero vivo en Madrid.

LECCIÓN 2

Así soy

OBJETIVOS

- *Describir a una persona físicamente.*
- *Decir tu nacionalidad y origen.*
- *Repaso y ampliación.*

A ¡Hola! ¿Qué tal?

1  **Magda hace unas preguntas a Francisco. Antes de escuchar prepara tú varias preguntas para él.**

Ejemplo ¿De dónde eres?

Continúa.

 **Escucha a Magda y Francisco. Compara tus preguntas con las de Magda. ¿Son las mismas?**

 **Escribe las preguntas que son diferentes.**

 **Escucha otra vez y completa la ficha de Francisco.**

información	**Francisco**
nacionalidad	
domicilio	
edad	
hermanos	
descripción	

¡no escribas aquí!

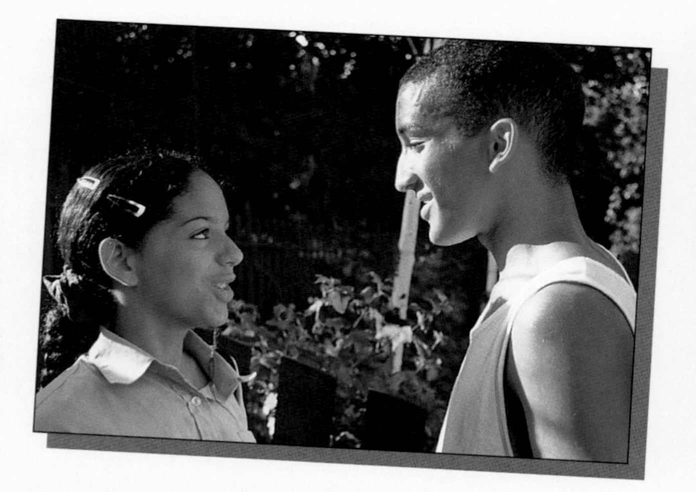

Pronunciación

la letra 'o' es muy corta.
Escucha y repite:
el ojo, la oreja, el pelo, la boca, como, moreno, colombiano.

¡Atención!

El pelo = hair
Los peinados = hairstyles
La moda = fashion
La peluca = wig
La caricatura = caricature

2 Lee las cartas de Jorge y Sara. Contesta las preguntas.

¡Hola! Me llamo Jorge. Vivo en Londres. Soy español pero también tengo la nacionalidad británica. Mis padres son españoles. Tengo quince años. No soy ni alto ni bajo. Soy moreno. Me gustan los animales. Tengo un gato y un perro. Me gusta jugar al fútbol y me gusta ver la televisión. Tengo tres hermanos y una hermana. Yo soy el menor. Vivo en un piso en el centro de Londres. ¿Y tú? Escríbeme pronto.
Jorge

¡Hola! Me llamo Sara. Soy española. Tengo catorce años y vivo en Belchite, un pueblo cerca de Zaragoza. Soy alta y morena. Me gustan mucho los animales. Tengo dos gatos en casa. Vivo en una casa en las afueras del pueblo. Me gustan las discotecas y el cine y salgo con mis amigos. Tengo una hermana. ¿Y tú?
Un abrazo de:
Sara

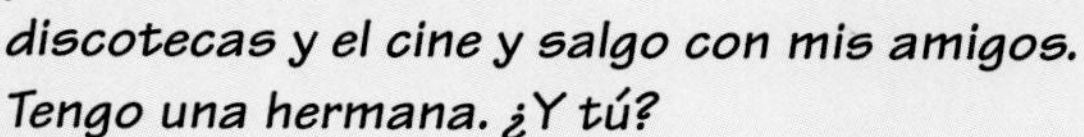

1 ¿Quién tiene 15 años?
2 ¿Quién es alto/a?
3 ¿Quién vive en la ciudad?
4 ¿Quién no tiene hermanos?
5 ¿Quién tiene dos nacionalidades?
6 ¿Quién es moreno/a?

3 Pregunta a tus compañeros/as. Completa una ficha como la de Actividad 1.

4 Escribe una carta a Jorge o a Sara sobre ti. Incluye más información si quieres (animales, gustos).

B ¿Cómo eres?

5 Repasa. Estudia los dibujos. Une las partes de la cabeza con sus nombres.

1 la nariz
2 el ojo
3 la oreja
4 el pelo
5 la cara
6 la boca
7 la frente

a b c d e f g

6 Lee en la revista este artículo sobre los peinados de moda..

LOS PEINADOS DE MODA

Este año la moda es muy variada. Mira los estilos unisex.

Éstos son los peinados más populares. Pon tu foto en las pelucas. ¿Qué peinado prefieres?

Pon tu foto en cada peluca y descríbete. Inténtalo sin leer las descripciones.

Ejemplo 1. Me llamo _______. Tengo el pelo rubio, corto y rizado.

Describe una peluca. Tu compañero/a adivina cuál es.

7 **Habla con tus compañeros/as. Describid el pelo de cinco chicos/as de la clase. Escribid la descripción.**

C Caricaturas

8 Mira las caricaturas de cómics famosos españoles. Tessa las describe. Une cada caricatura con su descripción.

1 Mortadelo 2 Filemón 3 Clodoveo 4 Porrambo 5 Chicha

Describe una caricatura a un/a compañero/a. ¿Quién es?

9 **Inventa una caricatura y dibújala. Descríbela a tu compañero/a. Tu compañero/a la dibuja. Compara. Cambia.**

10 (P) **Busca fotos o haz dibujos de personas de diferentes razas y orígenes. Escribe sus descripciones. Dibuja o busca mapas de diferentes países. Prepara pósters y pon las fotos y las descripciones en los mapas.**

Aventura Semanal – ¿Sabes?

Los habitantes de Guatemala.

Guatemala está al lado de México. Tiene nueve millones de habitantes. El cincuenta y cinco por ciento son indígenas que se llaman mayas. Los demás son mestizos o ladinos, una mezcla de español e indígena. El sesenta y cuatro por ciento de la población vive en el campo. La gente habla español y también hay muchos idiomas indígenas. Muchos indígenas no hablan español.

¡Ya sabes!

Soy moreno/a
Soy alto/a
Las partes de la cabeza: la nariz, el ojo (los ojos), la oreja, el pelo, la cara, la boca.
El pelo: pelo corto, largo; con melena; media melena; coleta; trenza
Tengo el pelo ... rubio/ negro/moreno
... rizado/liso/con trenzas

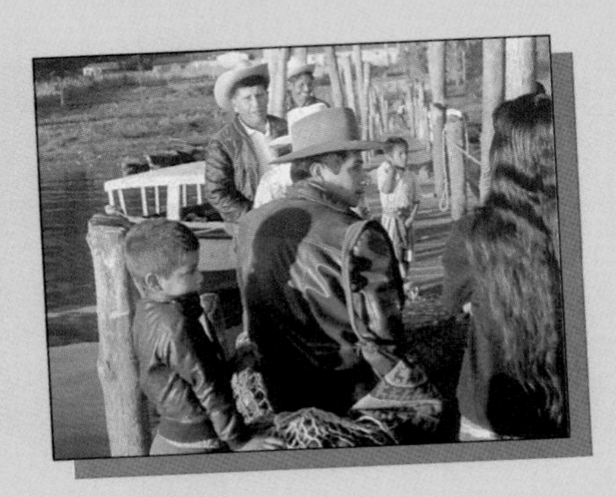

LECCIÓN 3

Así somos

OBJETIVOS

- *Describir el carácter de las personas.*
- *Decir cómo eres tú, cómo es tu familia y cómo son tus amigos.*

A ¿Cómo es tu carácter?

1 **Une a los chicos con la descripción correspondiente. Escucha y comprueba.**

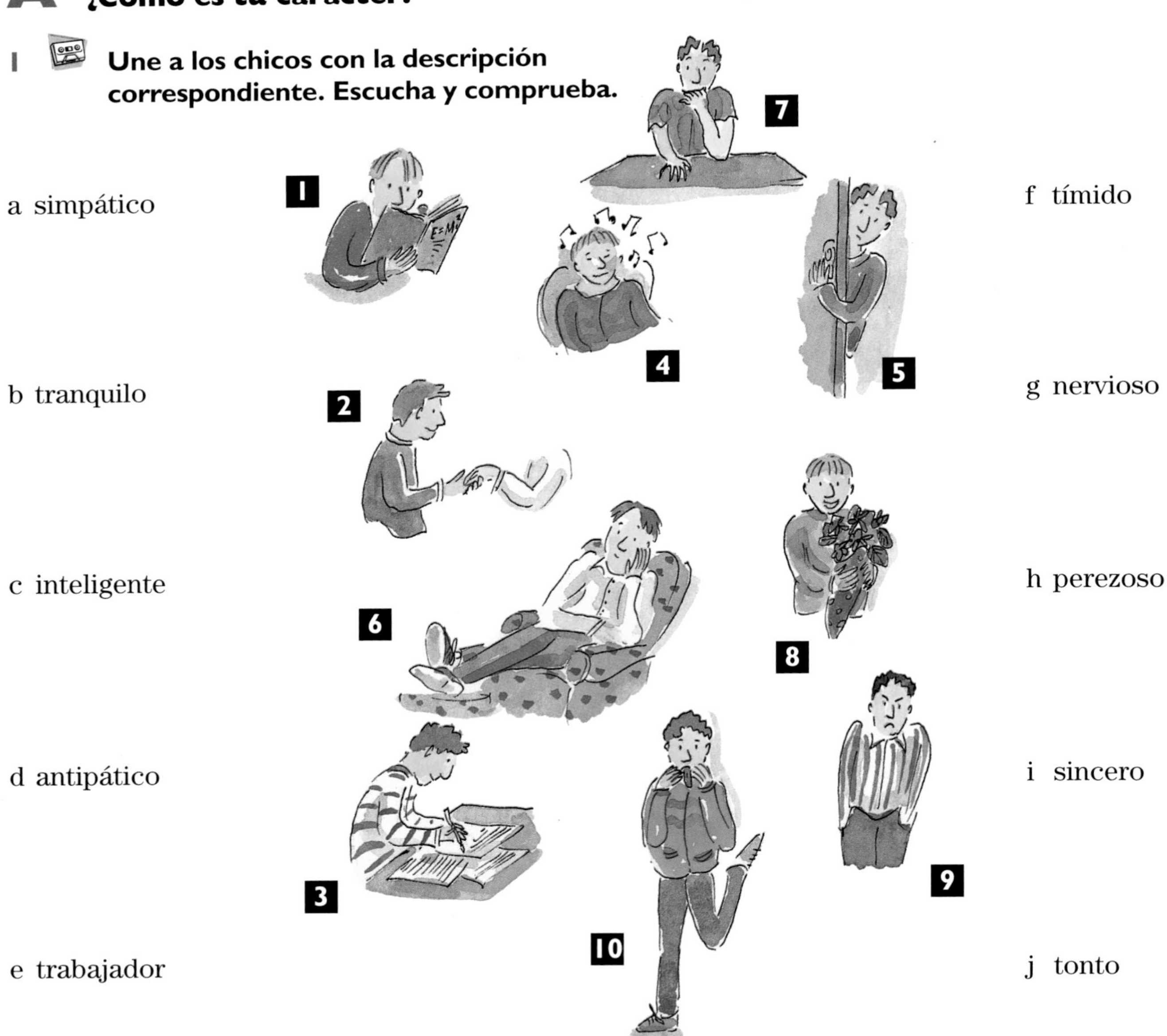

a simpático
b tranquilo
c inteligente
d antipático
e trabajador

f tímido
g nervioso
h perezoso
i sincero
j tonto

Escribe dos listas:

Las cualidades positivas	Las cualidades negativas
simpático	antipático

tonto = silly/fool (used affectionately)
sincero = sincere
abierto = open

Escucha y comprueba.

2 **María y Pilar son muy diferentes. Escribe frases. Usa la forma femenina.**

Ejemplo María es trabajadora.

María es ...

in...
tra...
sim...

tran...
tí...

Pilar es ...

an...
ton...

pe...
ner...

3 **Escucha a Sara, Omar, Goreti y Andrés. Hablan de su personalidad. ¿Qué cualidades positivas y negativas tienen?**

trabajador/a simpático/a sincero/a tranquilo/a

antipático/a tímido/a perezoso/a nervioso/a

4 **¿Cómo eres tú? Habla con tus compañeros/as y describe tu personalidad.**

5 **Lee la carta de Leticia. ¿Cómo es? Indica verdadero o falso para cada frase.**

¡Hola!
Voy a decirte cómo soy. Soy alta y morena, ni gorda ni delgada. De carácter soy abierta, creo que soy simpática, a veces tranquila, a veces nerviosa. Creo que soy sincera y trabajadora ... bueno, a veces soy un poco perezosa para hacer los deberes pero me gusta estudiar. Creo que soy responsable y una buena chica. Soy muy activa. Tengo muchos amigos y amigas y salgo mucho. Voy a la piscina en la bici y voy a muchas excursiones. Escríbeme y dime cómo es tu carácter.
Un abrazo,
Leticia

1 Leticia es rubia.
2 Leticia no es gorda.
3 Es nerviosa y no es tranquila.
4 No le gusta trabajar.
5 No hace muchas cosas.

6  **Escribe una postal a Leticia describiendo tu carácter. En grupo, mezcla las postales. Cada estudiante coge una postal y la lee. Los otros adivinan de quién es.**

B Así es mi familia

7 Escucha y lee. La familia Trapisonda. ¿Cómo es esta divertida familia?

Escribe dos listas, una para la descripción física, la otra para la descripción de carácter.

	Descripción física	Carácter
Zipi y Zape		
Padre		
Madre		

¡Atención!

¡Qué traviesos somos! = We are really naughty!
¡Qué estricto es! = He's really strict!
Tiene mucha paciencia = has a lot of patience

8  Estudia la foto de Pabla y su hija, María.

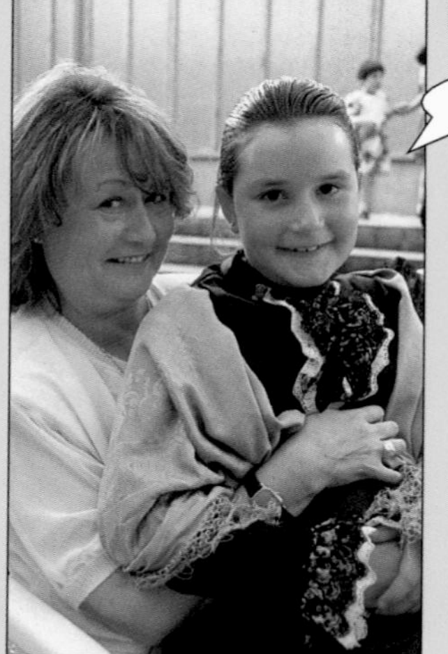

María es como Pabla.

Ahora escucha a Tessa, Isabel, Omar y Ramsés. Explican si son como su madre o su padre y si son como sus hermanos. Completa el cuadro.

	Tessa	Isabel	Omar	Ramsés
Físicamente	*padre*			
De carácter				
¿Como su hermano/a?				
Su hermano/a es como ...				

¿Y tú? Trae fotos de tu familia y explica a tus compañeros si eres como tus padres, hermanos, primos, etc.

C ¡Qué simpático es!

9 **Escucha a las chicas que hablan de sus amigos. Une a cada chico con la cualidad o defecto que tiene.**

simpático
serio
divertido
tímido
bueno
trabajador
inteligente
abierto
nervioso
travieso

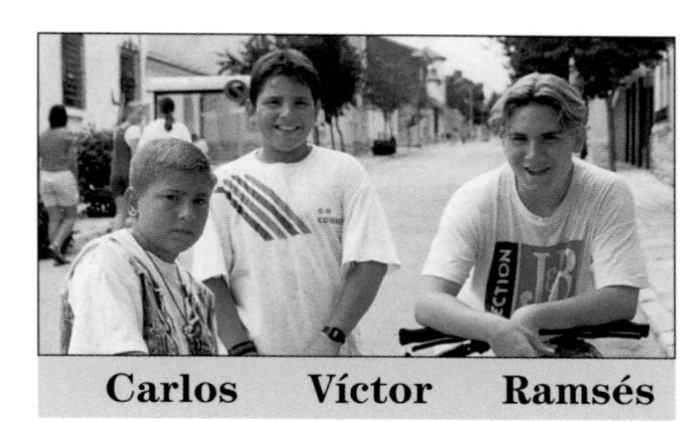

Carlos Víctor Ramsés

10 **Practica con tus compañeros/as. Piensa en unos amigos de la clase y descríbelos a tus compañeros. Tus compañeros adivinan quiénes son.**

Ejemplo Estudiante A: ¡Qué simpático es!
Estudiante B: ¿Es Tom?
Estudiante A: Sí. Es Tom.

Continúa...

11 **Escribe una lista. Usa el diccionario.**
¿Qué cualidades son importantes para ti (en tus amigos)?
¿Qué defectos no te gustan de tus amigos?

Habla con tus compañeros/as.

- **Expresiones exlamativas**:
  Qué + adjetivo + verbo. 'Qué' exclamativo: tiene acento
  Ejemplo: ¡Qué nervioso es!

- **Expresiones negativas**: ni... ni: doble negativo: no soy ni gorda ni delgada
- **Expresiones comparativas**: soy como... : soy como mi madre

Aventura Semanal

Amigo

Amigo, mi mejor amigo
amigo, amigo de verdad.
Amigo, mi mejor amigo,
si te necesito,
aquí siempre estás.

¡Ya sabes!

Vocabulario de descripción de carácter: antipático, inteligente, nervioso, perezoso, simpático, sincero, tímido, trabajador, tranquilo, etc.
Soy como mi madre (físicamente).
Soy como mi padre (de carácter).
¡Qué inteligente es!
Creo que soy tranquila.

¿Qué somos?

OBJETIVOS

- ***Decir en qué trabaja y dónde trabaja una persona.***
- ***Hablar de trabajos de tiempo libre.***

A ¿En qué trabaja tu madre?

1 **Mira los dibujos, escucha y repite.**
Escucha otra vez y une a las personas con los nombres de las profesiones.
Después escribe las profesiones en masculino y femenino.

1 un recepcionista
2 un peluquero
3 un dependiente
4 un mecánico
5 una arquitecta
6 una taxista
7 una camarera
8 una mujer policía
9 un cajero

2 **Escucha. Un grupo de chicos y chicas dicen en qué trabajan sus padres.**

1 Carlos 2 Toño 3 Oscar 4 Luis 5 Sara 6 Tatiana

¿Cuántos desempleados hay?
¿Cuántas amas de casa hay?

¡Atención!

ama/o de casa = housewife/househusband
desempleado/a = unemployed

Pronunciación

Observa y señala dónde está la intensidad en estas palabras:

hospital/recepcionista/ingeniero/mecánico/restaurante/oficina/secretaria/taxi/taxista/hotel.

3 **Habla con tu compañero/a. Usa los dibujos de Actividad 1 y di frases. Tu compañero/a indica qué dibujo es.**

Ejemplo Estudiante A: Mi padre/madre es recepcionista.
Estudiante B: Es el dibujo uno.

Continúa con otras profesiones.
¿Y tus padres? Pregunta a tus compañeros: ¿En qué trabaja tu padre/madre?

B ¿Dónde trabaja tu padre?

4 **Lee y escucha.**

5 **Mira las fotos y escribe la profesión que corresponde a cada foto.**

Ejemplo Trabaja en una oficina. Es secretaria.

Continúa.

6 **Elige un lugar de trabajo. Tu compañero/a adivina la profesión.**

Ejemplo Estudiante A: Trabajo en un restaurante.
Estudiante B: Eres camarero/a.
Estudiante A: Sí, soy camarero/a.

Continúa.

7 **Mira los dibujos de otras profesiones y sigue la línea para encontrar su nombre.**

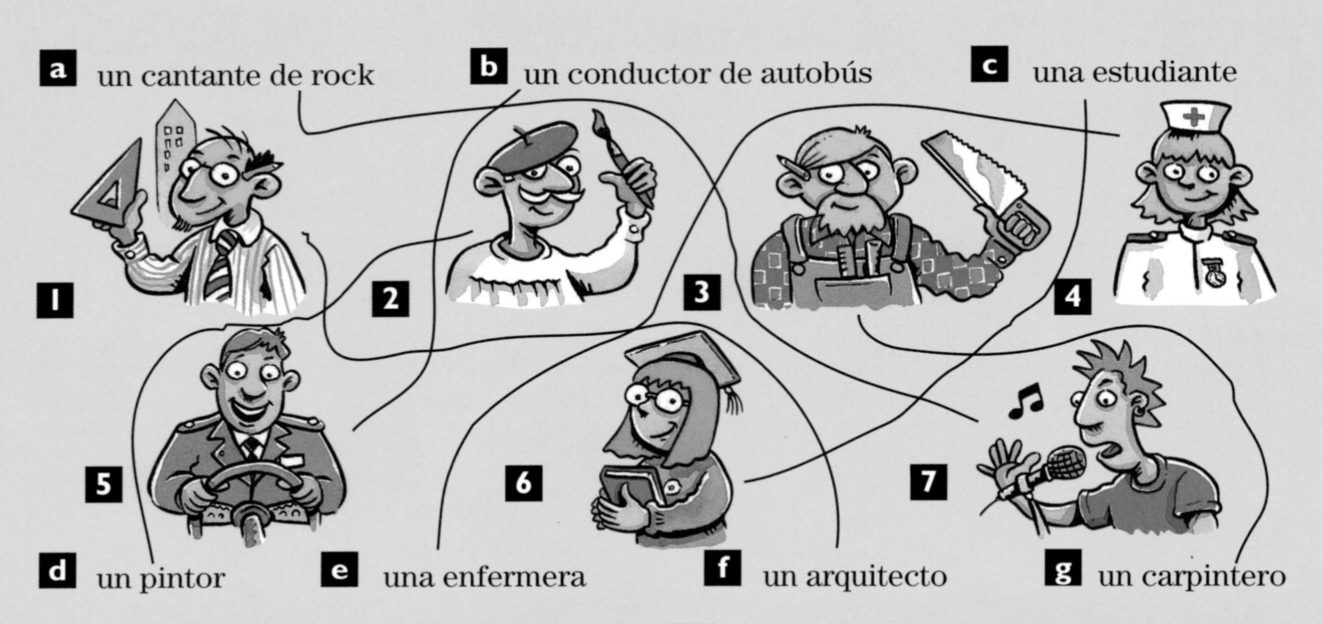

8 **Juan habla de los trabajos de varias personas de su familia. ¿Cuál es el trabajo de cada uno y dónde trabaja?**

9 **Ahora tú. Prepara una lista de los trabajos de varias personas de tu familia. Incluye tíos, abuelos, etc. Inventa si quieres.**

Habla con tus compañeros/as.

Ejemplo Estudiante A: En qué trabaja tu madre?
Estudiante B: Es secretaria/Trabaja en una oficina.

Continúa.

¡Atención!

canguro = babysitter
cuidar niños = to look after children
clase particular = private lesson

C ¿Trabajas en tu tiempo libre?

10 **Estos chicos y chicas estudian pero también trabajan en su tiempo libre. Escucha y contesta las preguntas.**

¿En qué trabaja?
¿Dónde trabaja?
¿Cuándo?

Raúl

Ana Rosa

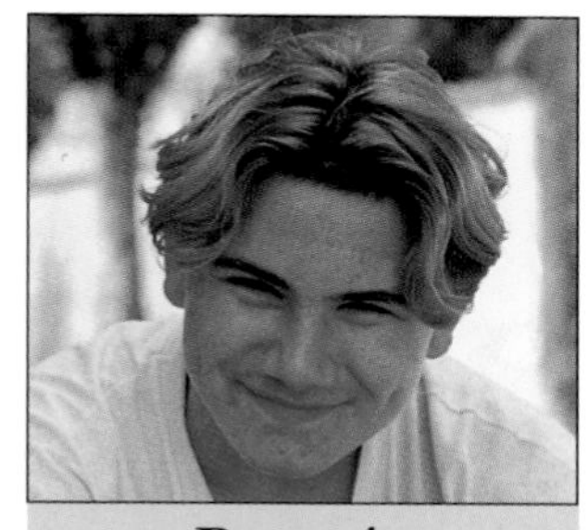
Ramsés

11 **Habla con tus compañeros. ¿Y tú? ¿Trabajas uno o dos días? ¿Tienes algún hermano/a que trabaja? ¿En qué? ¿Cuándo?**

Aventura Semanal

San Serenín.

San Serenín
de la buena, buena vida,
San Serenín
de la buena, buena vi.
Así, así, así
hacen los camareros
así, así, así
así me gusta a mí.

La canción

¡Ya sabes!

Vocabulario de las profesiones: peluquero, recepcionista, ingeniero, cajero.
Soy mecánico.
¿En qué trabaja tu padre?
¿Dónde trabaja tu padre?
Trabaja en un restaurante. Es camarero.
Vocabulario: banco, oficina, hospital, restaurante.

LECCIÓN

5 Mis estudios

O B J E T I V O S

- ***Hablar de las asignaturas que nos gustan o no nos gustan.***
- ***Decir por qué.***

A ¿Qué asignaturas te gustan más?

1 **¿Recuerdas los nombres de las asignaturas del instituto? Mira el objeto y escribe la asignatura correspondiente:**

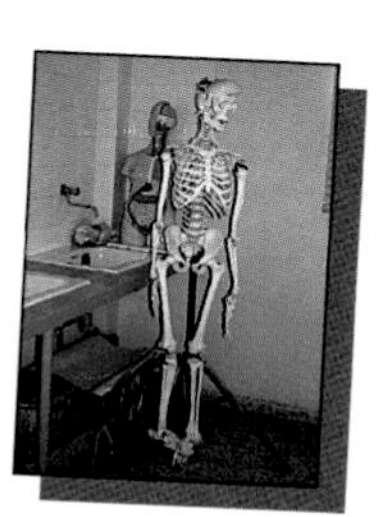

1

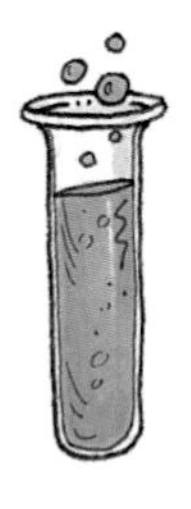

2

3

4

5

6

7

8

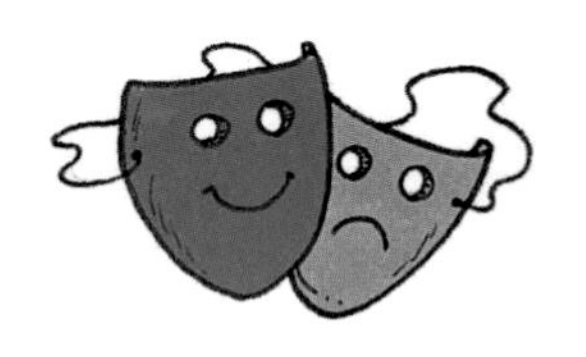

9

Compara con tu compañero/a. Después escucha y comprueba.

2 **Escucha las frases que dicen los profesores. ¿En qué clases estás?**

Ejemplo El triángulo tiene tres lados. = matemáticas.

3 **Escucha a estos chicos y chicas. ¿Qué asignaturas les gustan más y qué asignaturas les gustan menos?**
Escribe *más* (+) o *menos* (–) en el cuadro.

Asignatura:	**Magda**	**Francisco**	**Carlos**	**Tessa**
educación física				
ciencias				
inglés				

4 **Escribe con tu compañero/a una lista en español de todas vuestras asignaturas. Compara con otros/as compañeros/as. ¿Están todas?**

Completa un cuadro como el de Actividad 3 y pregunta a cinco compañeros/as:

¿Qué asignatura te gusta más?
¿Qué asignatura te gusta menos?

también
tampoco

Me gusta mucho **el** inglés
Estudio inglés.
Hablo inglés.

Te gusta
más/menos
La asignatura más popular ...

159

B La historia es interesante

5 **Lee y escucha el diálogo.**

¡Atención!

interesante = interesting
divertido = enjoyable
fácil = easy
difícil = difficult
aburrido = boring
pesado = boring
útil = useful
porque = because
¿por qué? = why?

6 **Escucha a los chicos y chicas y di qué asignaturas les gustan y qué asignaturas no les gustan y por qué. Completa el cuadro.**

Asignatura:	1 Omar	2 Adrexis	3 Sara	4 Goreti
ciencias naturales	✔ interesante			
inglés				
francés				

¡no escribas aquí!

7 **Lee la carta de Elena y mira los símbolos de las asignaturas. Completa el cuadro.**

Querida Tessa:
Me preguntas qué asignaturas me gustan y que asignaturas no me gustan. Me gusta mucho el inglés. Es muy útil e interesante. Me gusta hablar inglés en la clase. Me gusta también el dibujo, es divertido. No me gustan mucho las matemáticas porque son difíciles. Tampoco me gustan mucho las ciencias, especialmente la química porque es un poco pesada y aburrida. ¡Ah! Me gusta la informática. Es muy interesante y útil para mis estudios y para mi trabajo en el futuro.
Elena

Asignatura	Español_Inglés		5√75		
Sí/No					
¿Por qué?					

¡no escribas aquí!

8 **Escribe frases.**

Ejemplo A Elena le gusta el inglés porque es útil e interesante.

9 **¿Y tú? Prepara una lista de cinco asignaturas. Escribe por qué te gustan o no te gustan.**

10 **Pregunta a tu compañero/a:**

¿Qué asignaturas te gustan?
¿Qué asignaturas no te gustan?

C Clases particulares

11 **Lee los anuncios en el periódico y escribe el número de teléfono para cada pregunta. ¿A qué número llamas si quieres ...**

1 clases de música?
2 estudiar matemáticas y dos asignaturas más?
3 estudiar un curso intensivo de francés?
4 estudiar un idioma con conversación?
5 pintar?
6 estudiar inglés solo con el profesor?

Pronunciación

difícil	difíciles
fácil	fáciles
útil	útiles

Todas las palabras que tienen la intensidad en la penúltima sílaba y terminan en **l**, llevan acento.

¡Atención!

clases particulares = private lessons (individual or small groups)

12 **Escucha los números de teléfono. ¿Qué clases vas a hacer?**

Informática. 498940

Inglés, Francés: profesor titulado 427653

Matemáticas, física, química; 498940

Inglés: clases particulares. Licenciado Cambridge, mucha experiencia. 217269

Alemán: intensivo, septiembre. Centro alemán 354969

Francés: intensivo 100 horas en agosto. Centro Europeo de Idiomas. 229328

Inglés: conversación. Technical college. 261909

Pintura, dibujo: cursos 233510

Matemáticas: Mucha experiencia. Grupos reducidos. Teléfono 318606

Piano, solfeo. Clases individuales. Mensualidad 7.000 ptas 442681.

13 **Escribe unos anuncios con tu compañero/a.**

Aventura Semanal – ¿Sabes?

Clases de recuperación en España

En España, hay que hacer exámenes finales todos los años. También tienen "evaluaciones" cada dos o tres meses. Si los estudiantes no aprueban sus exámenes en junio, hacen clases de recuperación en el verano y tienen que examinarse en septiembre. También hay que hacer deberes de verano, incluso si los estudiantes aprueban todo.

¡Ya sabes!

¿Qué asignaturas te gustan más/menos?
Me gustan más/menos las matemáticas.
El lenguaje es interesante/aburrido/fácil/difícil/pesado/útil/complicado/divertido.
Las matemáticas son difíciles pero interesantes.
Estudio inglés. Me gusta el inglés.
La asignatura más popular es...

En serio ...

Autoevaluación

1 Escribe seis lugares del instituto.

(14 puntos)

Ejemplo Sala de música. 

2 Lee las respuestas. Escribe las preguntas:

(15 puntos)

Ejemplo Hay veinte profesores.
¿Cuántos profesores hay?

1 Hay quince profesoras.
2 Hay treinta clases.
3 Hay tres laboratorios.
4 Hay doce asignaturas.
5 Hay veinticinco estudiantes en la clase.

3 Lee las repuestas. Escribe las preguntas.

(15 puntos)

1 Soy de Madrid.
2 Vivo en Barcelona.
3 Tengo trece años.
4 Tengo un hermano.
5 Mi hermano es alto y moreno.

4 Escribe las partes de la cara.

(10 puntos)

¡no escribas aquí!

5 El carácter. Completa las palabras.

(10 puntos)

Ejemplo ab - ierto

1 int ________ 6 anti ________
2 sin ________ 7 sim ________
3 trab ________ 8 per ________
4 tran ________ 9 tím ________
5 ner ________ 10 ton ________

6 ¿Qué hacen? Escribe las profesiones.

(14 puntos)

Ejemplo Celia ... Celia es policía.

1 Federico ...
2 María José ...
3 Jorge ...
4 Marisa ...
5 José Manuel ...
6 Miguela ...
7 Alicia ...

7 ¿Dónde trabajan?

(10 puntos)

Ejemplo La recepcionista trabaja en el hotel.

8 Escribe seis frases sobre las asignaturas: usa seis adjetivos que explican por qué que te gustan o no.

(12 puntos)

Ejemplo Me gusta la historia porque es interesante.

Total = /100

... y en broma

1 Mira el dibujo y busca a estas personas:

1 Un hombre bajo con gafas y bigote, con mucho pelo, negro y rizado, pero corto.
2 Una chica rubia con trenzas, muy alta y delgada.
3 Un chico alto con cuello muy largo y brazos muy largos. Es pelirrojo y lleva el pelo liso con una coleta. Es gordo.
4 Una chica pequeña, de unos cinco años, morena, con pelo largo y con muchas trenzas pequeñas. Es delgada y tiene las piernas muy largas.
5 Una mujer muy morena, con pelo largo y liso, baja y un poco gorda. Lleva gafas.

2 Lee este poema y completa las palabras que faltan (son todas de frutas). Usa el dibujo y las palabras como ayuda.

Me gustan tu cara,
tu nariz, tu boca.
Me gusta tu pelo
rubio como el sol.
Me gustan tus ojos
negros, de carbón
Me gustas muñeco
de trapo y cartón.

Tu boca de _____
cara de _______
nariz de ______
orejas de _____
ojos de _______
piel de _______

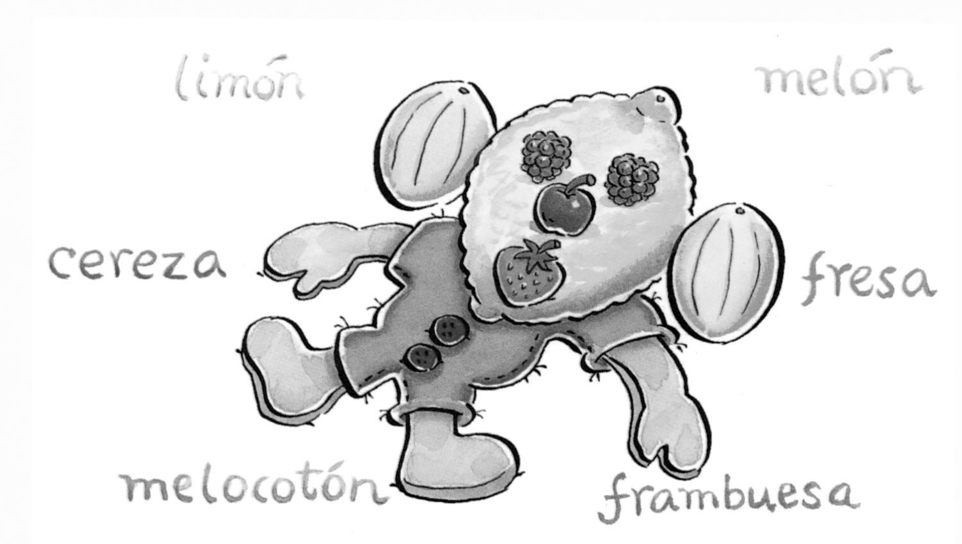

3 **Lee el artículo sobre esta pequeña actriz española, muy famosa por su participación en una serie de televisión muy popular que se llama "Farmacia de Guardia". Después contesta las preguntas:**

"Cuando estoy en la tele soy Fany y cuando estoy en el cole, Alicia"

"Me gustan las matemáticas, el recreo y la clase de gimnasia"

"Carlos Larrañaga me trata como si fuera su hija de verdad"

Se llama Alicia Rozas, pero sus compañeras de colegio empiezan a llamarla Fany, el personaje al que da vida en la serie de Antena 3 TV, "Farmacia de guardia". Con siete añitos, estudia segundo curso de EGB y es una buena alumna. Según las profesoras de su colegio, Alicia es una niña muy natural. Se comporta igual en clase que en la televisión.

"Tengo faltas de ortografía"

-Alicia, ¿te gusta el colegio?
-Sí; la profesora es muy buena y mis compañeros muy divertidos.

-¿Qué asignatura te gusta más?
-Las matemáticas, porque saco sobresaliente. La lengua me gusta menos; tengo faltas de ortografía y me ponen sólo bien. También me gusta el recreo y la gimnasia.

-¿Qué dicen tus compañeros al verte en la tele?
-La primera vez que salí algunos no se creían que era yo. Al siguiente capítulo, cuando se dieron cuenta de que era verdad, comenzaron a abrazarme y besarme. Hay niños que ahora me llaman Fany, aunque la profesora les dice que mi nombre es Alicia. También me dice que no debo mezclar el colegio con mi trabajo. Cuando estoy en el cole soy Alicia y cuando salgo en la tele soy Fany.

-¿Te gusta trabajar en "Farmacia de Guardia"?
-Sí; me lo paso muy bien. Todos son muy simpáticos, tanto los mayores como los pequeños. Carlos Larrañaga, Adolfo, me trata como si fuera su hija de verdad.

-¿Cómo te aprendes los guiones?
-Me ayudan mis padres. Mi mamá los días de diario y mi papá los fines de semana. Ellos interpretan los papeles de los otros personajes y yo el mío.

-¿Tienes buena memoria?
-Mi profesora dice que sí.

-Cuando grabas no puedes ir al colegio; ¿cuándo haces los deberes?
-Voy al colegio por las mañanas y por las tardes al rodaje. La profesora me pone deberes y los hago en casa o en un descanso del rodaje.

Alicia tiene dos hermanos, Daniel de quince años y Eduardo de once.

-¿Qué te gustaría ser cuando seas mayor?
-No lo sé. A lo mejor soy artista.

Efe Reportajes

En el gimnasio Alicia se lo pasa casi tan bien como en la farmacia.

Con una hija así, cualquiera

Alicia Rozas, "Fany", está encantada con su trabajo en la serie "Farmacia de guardia". Dice que se lo pasa en grande con sus hermanos Kike y Guiller y que sus papás ficticios la miman mucho. De Carlos Larrañaga en concreto dice que la trata como si de verdad fuera su hija.

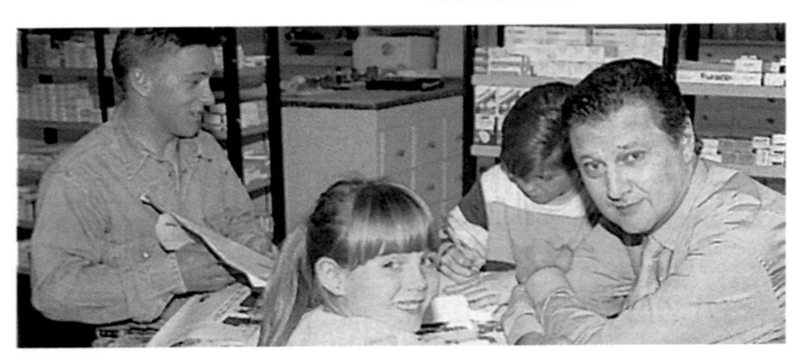

1 ¿Cómo se llama Alicia en la serie?
2 ¿Cuántos años tiene?
3 ¿Qué estudia?
4 ¿Cómo es Alicia físicamente?
5 ¿Cómo es la personalidad de Alicia?
6 ¿Le gusta estudiar? ¿Sí o no? ¿Por qué?
7 ¿Cuál es su asignatura favorita? ¿Por qué?
8 ¿Qué asignatura le gusta menos? ¿Por qué?
9 ¿Le gusta trabajar en televisión? ¿Por qué?
10 ¿Cómo estudia los guiones?
11 ¿Cuándo va al colegio? ¿Por qué?
12 ¿Cuándo hace los deberes?
13 ¿Tiene hermanos o hermanas?
14 ¿Cuántos años tienen sus hermanos/hermanas?
15 ¿Qué quiere ser de mayor? 

4 Mira el anuncio de los cursos que puedes estudiar en casa.
¿Qué cursos se anuncian principalmente? ¿Qué curso corresponde a cada dibujo? Lee los demás cursos que puedes hacer ¿Sabes qué quieren decir?

Trabajar en lo que más te gusta se aprende con la práctica.

Aquí tienes todo lo necesario para aprender.

Lo que ves en esta foto, es parte del material de prácticas disponible en algunos de los Cursos CCC. Cada Curso cuenta con lo necesario para aprender fácilmente: *Dominio del PC, Estheticienne, Peluquería, Fotografía, Electrónica, TV Color, Dibujo y Aerografía, Teclado Electrónico* o *Guitarra*. Incluso el Curso de *Monitor de Gimnasio* incluye un completo equipo.

Así, desde el primer momento, podrás practicar y conocer las técnicas de la profesión o afición que hayas elegido. Muy pronto te darás cuenta de lo fácil que es aprender con este Método.

Sólo necesitas una hora al día.

En poco tiempo, a tu ritmo y sin salir de casa, habrás aprendido lo que más te gusta. Además, siempre podrás comunicarte, incluso por teléfono, con tu profesor-tutor que seguirá tus progresos paso a paso.

¿CUÁL ES TU CURSO?

- ☐ Graduado Escolar
- ☐ Cultura General
- ☐ Escritor

- ☐ Auxiliar de Clínica
- ☐ Auxiliar de Geriatría
- ☐ Farmacia
- ☐ Preescolar

- ☐ Diseño de Moda
- ☐ Corte y Confección
- ☐ Estheticienne (Con equipo de prácticas y vídeos)
- ☐ Peluquería (Con equipo de prácticas y vídeos)
- ☐ Masaje (Con vídeos)

- ☐ Fontanería
- ☐ Electricidad
- ☐ Energía Solar

- ☐ Decoración
- ☐ Dibujo Artístico
- ☐ Dibujo de Comics
- ☐ Escaparatista
- ☐ Aerografía

- ☐ Electrónica
- ☐ Sonido
- ☐ *Radiocomunicaciones* *(Con equipos)*

- ☐ Preparador Físico y Deportivo (Con vídeos)
- ☐ Fútbol o Baloncesto
- ☐ Monitor de Yoga
- ☐ Monitor de Gimnasio (Con vídeos)

- ☐ Inglés por Vídeo
- ☐ Francés, Alemán o Ruso

- ☐ Marketing
- ☐ Psicología y Ventas
- ☐ Gestión de Comercios y Supermercados
- ☐ Secretariado Admtvo. o Informático
- ☐ Aux. Administrativo

- ☐ Agricultura y Ganadería

- ☐ Jefe de Comedor y Camarero
- ☐ Cocina Profesional

- ☐ Bibliotecario y Documentalista

- ☐ Mecánica del Automóvil
- ☐ Mecánica de Motos
- ☐ Carrocería

NUEVOS CURSOS

- ☐ *Guitarra (Acústica Gratis o Eléctrica con un 30% de descuento)*
- ☐ *Teclado (Teclado CASIO CTK 550 opcional)*
- ☐ *Puericultura*
- ☐ *Dominio y práctica del PC*
- ☐ *Fotografía (Con laboratorio)*
- ☐ *Televisión color (Con equipos)*
- ☐ *Ebanistería y Carpintería*
- ☐ *Monitor de Aeróbic (Con vídeos)*
- ☐ *Contabilidad*
- ☐ *Dirección Financiera (Con vídeos)*
- ☐ *Admón. de Empresas (Con vídeos)*
- ☐ *Asesor Fiscal*
- ☐ *Oposiciones*
  - ☐ *Correos*
  - ☐ *Agente de Justicia*
  - ☐ *Auxiliar de Justicia*
  - ☐ *Oficial de Justicia*
  - ☐ *Auxiliar de Ministerios y S.S.*
  - ☐ *Administrativo de Ministerios y S.S.*
  - ☐ *Magisterio*
- ☐ *Acceso a la Universidad (Mayores de 25 años)*
- ☐ *Profesor de Autoescuela*
- ☐ *Diseño por Ordenador CAD (Especialidad Mecánica o Eléctrica)*
- ☐ *Auxiliar de Rehabilitación*

LECCIÓN 6

Las tiendas de mi ciudad

OBJETIVOS

- ***Describir qué tiendas hay en tu ciudad.***
- ***Decir a qué hora abren y cierran las tiendas.***
- ***Decir lo que venden.***

A ¿Qué tiendas hay en tu ciudad?

1 Mira las fotos de las tiendas de una ciudad. Escucha y ordena. Después repite.

Ejemplo 1j (farmacia).

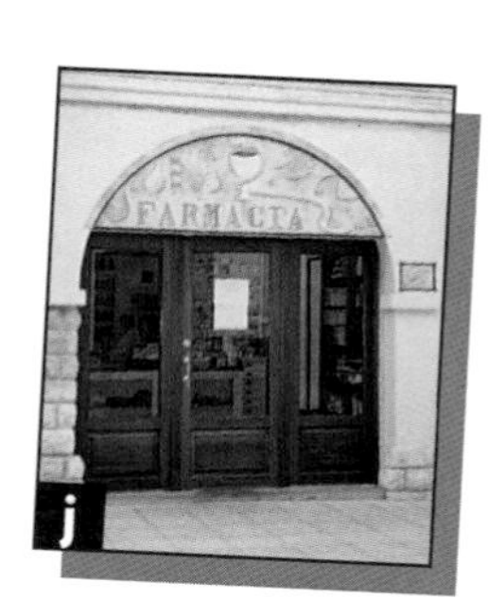

2 Habla con tu compañero/a. Usa la lista.

Ejemplo Estudiante A: ¿Hay farmacias en tu pueblo?
Estudiante B: Sí, en mi pueblo hay una farmacia.

Continúa.

Ahora escribe frases: En mi pueblo hay una farmacia ...

3 **Carlos y Susana describen su ciudad y dicen qué tiendas hay. Indica en el cuadro las tiendas que mencionan.**

Carlos											
Susana											

¡no escribas aquí!

4 **Pregunta a tu compañero/a:**
¿Cómo se llama tu ciudad/pueblo?
¿Cómo es tu ciudad/pueblo?
¿Qué tiendas hay en tu ciudad/pueblo? Usa el cuadro de Actividad 3.

B ¿Qué compras en la tienda?

5 **Mira el dibujo e indica el nombre que corresponde a cada producto. Después escucha y comprueba.**

a pan
b zapatillas de deporte
c bolígrafo
d pasteles
e tiritas

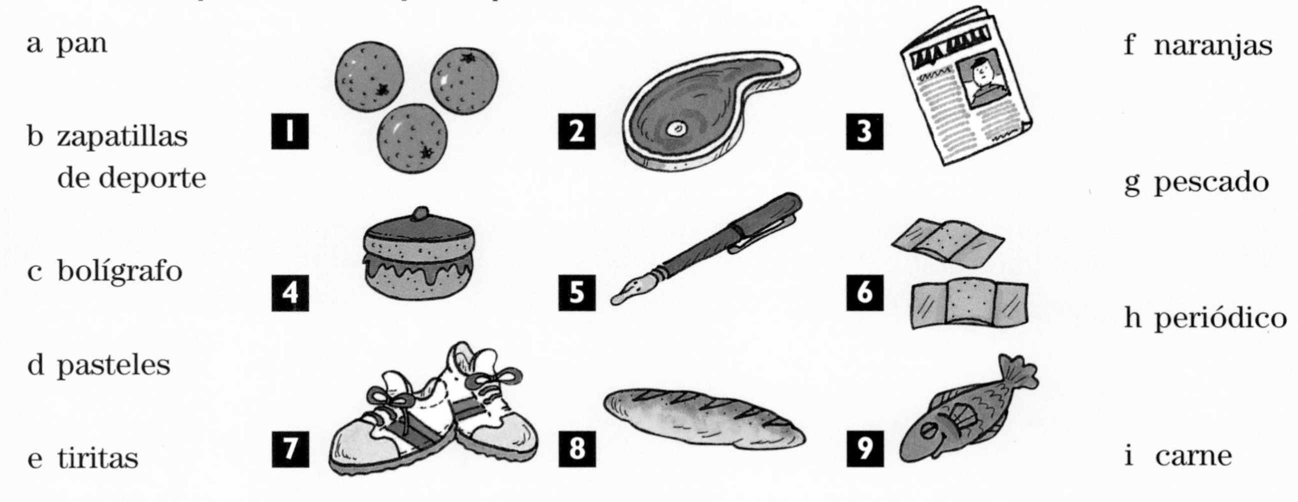

f naranjas
g pescado
h periódico
i carne

Pronunciación

Escucha y repite:
panadería, carnicería, papelería, pescadería, librería, pastelería.
¿Notas el acento? Compara con farmacia, hacia.
Escucha otra vez.

C ¿A qué hora abren?

6 Escucha y lee los anuncios de tiendas. Une los dibujos con los anuncios.

¿Te gustan los helados? Vainilla, chocolate, fresa, con nueces, sin nueces. Hay de todo en **Heladería Italiana**, Independencia 58. Tel 629402. Abierto de 10.30 a 8.00. No cerramos a mediodía.

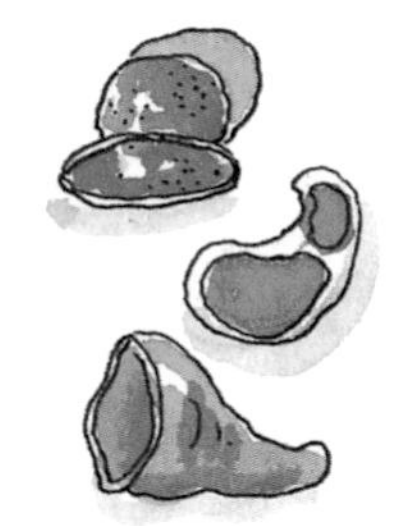

Pasteles para celebrar. ¿Celebras una boda, un cumpleaños, o simplemente te gustan los pasteles? Ven a vernos. Tenemos pasteles a tu gusto en **Pastelería Ortíz**, Calle Antonio Banderas 19. Tel 223196. Abrimos de 10 a 2 y de 5 a 8.

Compra todo a buen precio en **El Hipopótamo, el hipermercado** de tu ciudad. Gran servicio y calidad: Avenida de Madrid, sin número. Tel: 376459. Abre todos los días de 10 de la mañana a 9 de la noche.

Hermanos Blanco: carnicería de alta calidad. La mejor carne para la familia. Calle San Miguel, 6. Tel 434671. Horario: 10 a 1.30, 4.30 a 8

Escribe, por ejemplo: La tienda se llama Hermanos Blanco.
Es una carnicería.
La tienda vende carne.
La dirección de la tienda es San Miguel 6.
El número de teléfono es 434671.

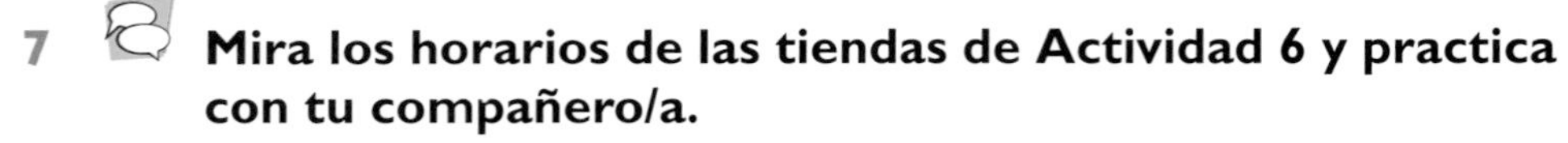

7 **Mira los horarios de las tiendas de Actividad 6 y practica con tu compañero/a.**

Ejemplo Estudiante A: ¿A qué hora abre el hipermercado?
Estudiante B: El hipermercado abre a las diez de la mañana.
Estudiante A: ¿A qué hora cierra?
Estudiante B: Cierra a las nueve de la noche.

Continúa.

8 **Mira los horarios de algunas tiendas españolas. Escucha a Tessa.**

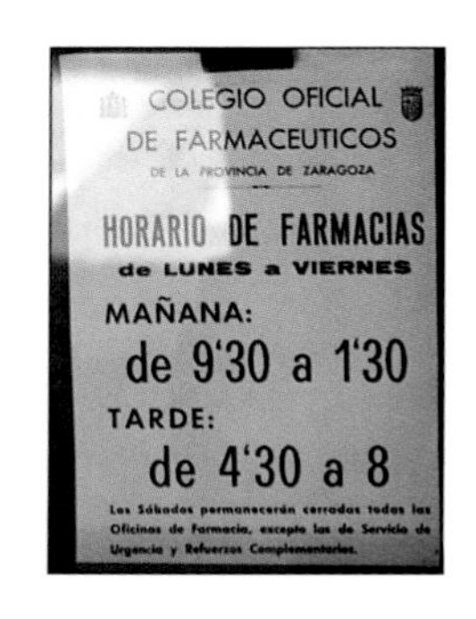

9  **Escucha a Alejandro y a Magda y marca quién compra qué.**

	comida en el supermercado	otra comida	ropa	cosas para la casa
Alejandro				
Magda				

por la mañana
a las 10 **de** la mañana.
¿A qué hora abre?
Abre **a** las 10 **de** la mañana.
¿A qué hora cierra?
Cierra a las 8 de la tarde.
La farmacia no abre **por** la tarde.

162

10 **P** **¿Quién hace las compras en tu casa? Trabaja en grupo. Completad el cuadro de Actividad 11. Comparad con otros grupos. Escribid los resultados.**

Aventura Semanal – ¿Sabes?

El mercado de Chichicastenango

Chichicastenango está en Guatemala, un país de Centroamérica. El mercado de Chichicastenango es uno de los mercados indígenas más interesantes e importantes del continente americano. Los jueves y domingos mucha gente de los pueblos que están cerca de esta pequeña ciudad de 8.000 habitantes van a vender productos de todo tipo, especialmente ropa, telas y cerámica.

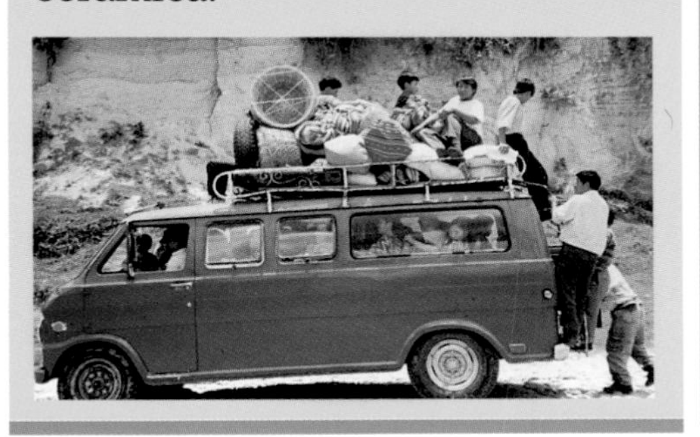

¡Ya sabes!

En mi ciudad hay farmacias, estancos, panaderías, fruterías, pastelerías, tiendas de deportes, supermercados, carnicerías, grandes almacenes, papelerías, pescaderías ...
En la frutería puedo comprar naranjas.
La tienda abre a las diez y cierra a las dos.

LECCIÓN 7

Vamos de compras

OBJETIVOS

- ***Decir dónde, cuándo, y con quién vas de compras y qué compras.***

A ¿Con quién vas de compras?

1 **Mira los dibujos y une las dos partes de las frases. Después une las frases completas con los dibujos.**

1 Compro revistas ...
2 Compro ropa ...
3 Voy a los grandes almacenes ...
4 Compro libros ...
5 Compro discos ...
6 Voy al supermercado ...

a ... con mi padre.
b ... con mis amigos.
c ... con mi amiga.
d ... con mi madre.
e ... sola.
f ... con mis padres.

Ejemplo Compro revistas con mi amiga = 1-c-l.

 **Escucha y comprueba.**

2 **¿Compras discos/libros/ropa/revistas/comida? ¿Con quién? Pregunta a tus compañeros/as.**

Ahora escribe frases.

Ejemplo Compro discos con mis amigos. No compro comida.

3 **Lee la carta de Jaime y contesta las preguntas.**

Querida Tessa:
Todos los sábados mi padre me da la paga. Me da tres mil pesetas, para comprar todo, incluida la ropa. Mis abuelos también me dan propina muchas veces. Voy con mis amigos dos o tres veces al mes a comprar ropa, zapatillas de deporte, camisetas, discos, libros. Generalmente vamos los sábados por la mañana o por la tarde. Si quiero ropa especial o más cara, siempre voy con mi madre. A veces voy solo al kiosco o a la papelería a comprar una revista para mí o para mi padre. Nunca voy al supermercado para comprar comida pero muchas veces voy a la panadería solo y compro pan.
Un abrazo,
Jaime

¿Qué ocurre ...

1 ... todos los sábados?
2 ... generalmente?
3 ... a veces?
4 ... siempre?
5 ... muchas veces?
6 ... dos o tres veces al mes?

4 **¿Qué hacéis tú y tus compañeros/as? Haz preguntas y completa el cuadro.**

nombre	generalmente	a veces	todos los sábados	dos o tres veces al mes	siempre
1 yo					
2 Alex					

¡Atención!

la paga = pocket money
la propina = tip (eg in restaurant)/pocket money

5 **Escribe una carta a Jaime con información similar sobre ti mismo/a.**

SOS Gramática SOS

Expresiones de frecuencia:
todos los sábados
siempre
generalmente
a veces
dos o tres veces
muchas veces
nunca

B La paga

6 Tessa y Magda hablan de las compras. Escucha y elige la respuesta correcta.

1 **Magda compra ropa ...**
 a sola.
 b con su madre.
 c con sus amigas.

2 **Magda compra discos, libros y regalos ...**
 a sola.
 b con su madre.
 c con sus amigas.

3 **Magda va a comprar ropa ...**
 a todos los sábados.
 b una vez al mes.
 c dos veces al mes.

4 **Va a mirar escaparates con sus amigas ...**
 a todos los viernes y los sábados por la mañana.
 b todos los viernes y los sábados por la tarde.
 c todos los viernes por la tarde.

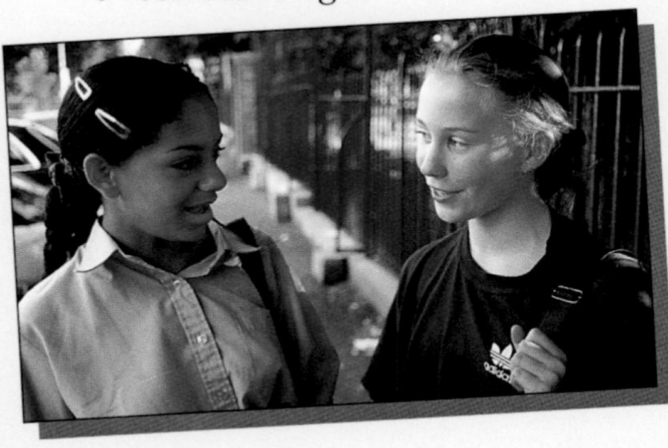

5 **Va de compras al supermercado ...**
 a con su madre.
 b con su padre.
 c sola.

6 **Sus padres le dan dinero ...**
 a los viernes
 b todos los días.
 c los sábados.

7 **Su paga es de ...**
 a 2.000 pesetas
 b 1.000 pesetas
 c 3.000 pesetas

8 **Gasta su dinero ...**
 a en libros y discos
 b en ropa y discos
 c en libros y ropa

7 Pregunta a tu compañero/a. Escribe los resultados en la base de datos de la clase.

¿Con quién vas de compras?
¿Vas muchas veces de compras?
¿Vas al supermercado?
¿Te dan una paga tus padres todas las semanas?
¿Cuánto dinero te dan?
¿En qué gastas tu dinero?

C ¿En qué gastas tu dinero?

8 Lee el artículo "Te invitan a una fiesta". ¿En qué gasta cada uno su dinero? Di si las frases siguientes son verdad o mentira.

1 Uno del grupo no gasta dinero en ropa.
2 Tres nos dicen cuánto dinero gastan en ropa.
3 Les gustan los vaqueros a todos.
4 Dos compran la ropa en las tiendas de deportes.
5 Uno/a dice que lleva vaqueros siempre.

Te invitan a una fiesta.

Abres el armario y ... ¡no tienes nada que ponerte! ¡Qué problema! ¿Problema? Para esta gente afortunada, no. La revista "*¡Vamos!*" les da 20.000 pesetas para comprar ropa. Antes de ir a las tiendas nos dicen lo que les gusta llevar y cómo van a gastar el dinero.

Ricardo: edad – 14
Generalmente gasto 4.000 pesetas al mes en ropa. El resto del dinero lo gasto en discos compactos, cintas, revistas y en ir a alguna pizzería. Siempre llevo vaqueros y camisetas. Con este dinero voy a comprar vaqueros, un jersey y cintas de vídeo.

Lola: edad – 14
No gasto mi paga en ropa. Mi madre compra toda la ropa que quiero. Gasto mi dinero en discos compactos, revistas, maquillaje, anillos, pendientes ... Voy a comprar con las veinte mil pesetas una falda negra y larga, una camiseta y unos pendientes. También un poco de maquillaje.

Clara: edad – 15
Me gusta llevar faldas y camisetas cuando voy a las fiestas. Sólo compro ropa cuando la necesito y gasto el dinero en el cine, regalos, cintas y revistas. Generalmente llevo unos vaqueros o un pantalón corto con un jersey o una camiseta. Con el dinero voy a comprar una blusa blanca, una falda negra de seda y zapatos.

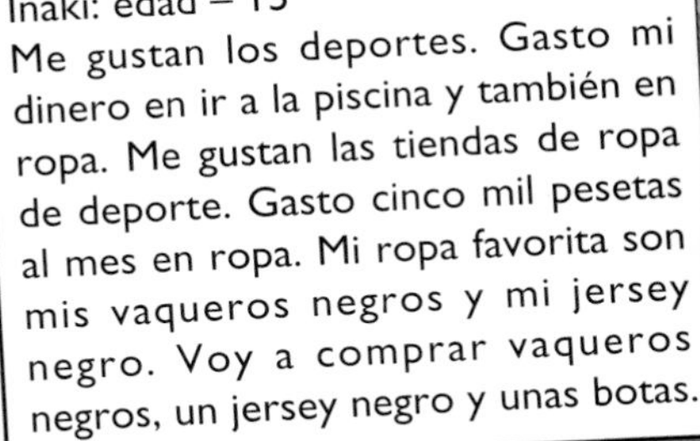

Iñaki: edad – 15
Me gustan los deportes. Gasto mi dinero en ir a la piscina y también en ropa. Me gustan las tiendas de ropa de deporte. Gasto cinco mil pesetas al mes en ropa. Mi ropa favorita son mis vaqueros negros y mi jersey negro. Voy a comprar vaqueros negros, un jersey negro y unas botas.

9 **Ahora tú. Te dan 20.000 pesetas para comprar ropa para ir a una fiesta. ¿Qué compras? Pregunta a tus compañeros/as.**

Aventura Semanal

La paga

Mis padres me dan la paga,
una paga semanal,
mis padres me dan tan poco
que nada puedo comprar.

¡Ya sabes!

Voy a los grandes almacenes, al supermercado.
Voy a comprar con mi madre, mis amigos.
¿En qué gastas tu dinero? Gasto mi dinero en ropa.
Compro revistas, ropa, libros, discos.
Generalmente, a veces, todos los sábados, siempre, muchas veces.
Me dan dinero.

LECCIÓN 8

Me gusta comprar ropa

OBJETIVOS

- *Hablar de la ropa, los precios, los colores, las tallas.*
- *Expresar gustos y opiniones sobre la ropa.*
- *Comprar ropa.*

A El escaparate

1 **Mira el escaparate. ¿Qué cosas hay? Escucha el anuncio de la tienda y ordena la ropa.**

Ejemplo 1c (camisetas).

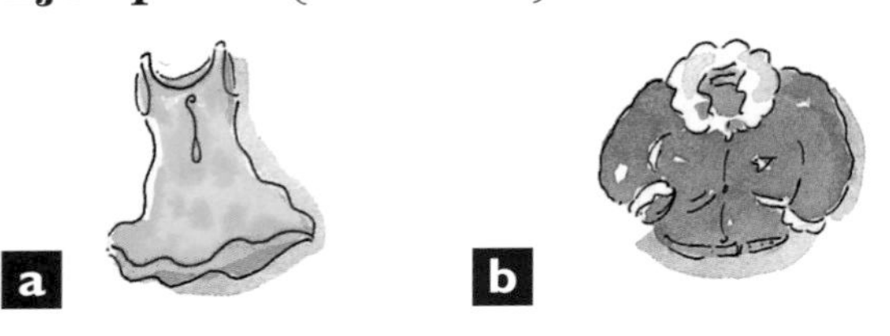

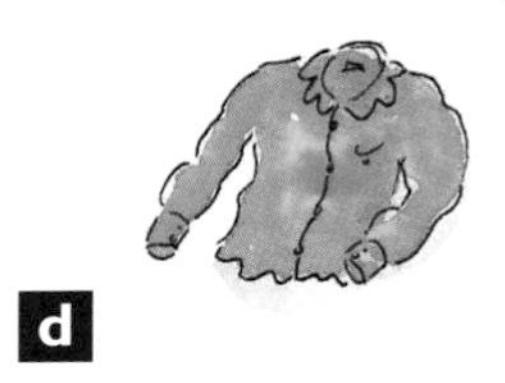

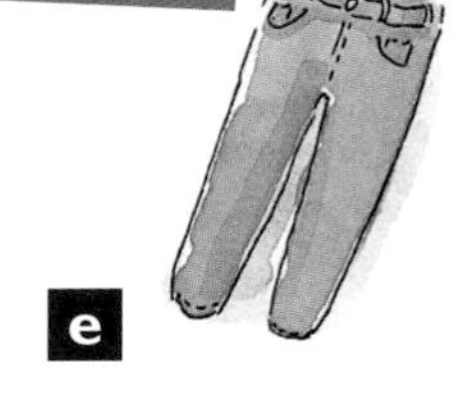

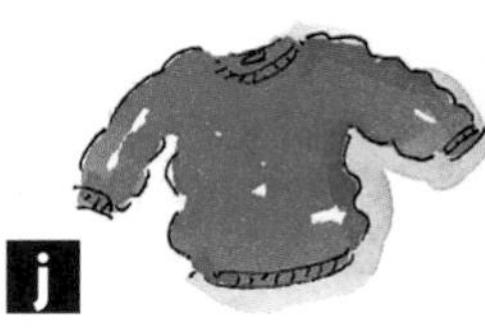

2 **Las etiquetas están mezcladas. Pon la etiqueta con la ropa de Actividad 1 que corresponde. Escucha y comprueba.**

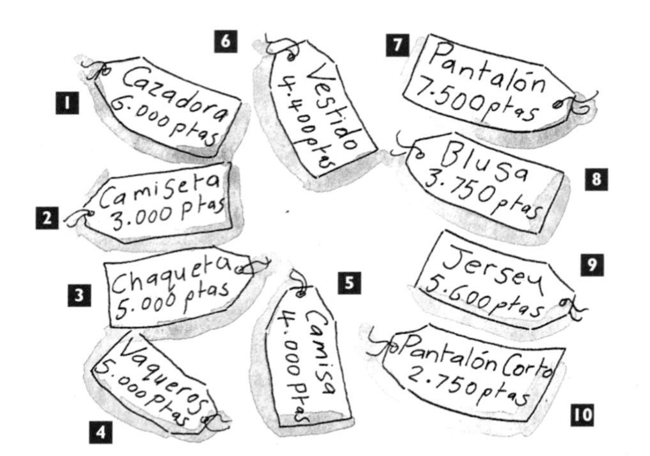

Pronunciación

La letra '**c**' más a, o, u se pronuncia '**ca**, **co**, **cu**'.
Escucha y repite:
cazadora **ca**miseta **co**rto **cu**ánto **cu**esta

Para obtener el mismo sonido con '**e**', '**i**' tenemos que usar **qu**:
va**que**ros **qui**ero **qui**nientos

Vestir CLUB

3 **Con tu compañero/a pregunta el precio en la tienda.**

Ejemplo Estudiante A: ¿Cuánto cuesta la camiseta, por favor?
Estudiante B: Tres mil pesetas.

4 **Repasa los colores. Escribe una lista de la ropa en el escaparate y de qué color es. Pregunta a tu compañero/a:**

Ejemplo Estudiante A: ¿De qué color es el vestido?
Estudiante B: El vestido es amarillo.

¡Atención!

demasiado corto = too short
demasiado grande = too big

5 **Escucha y une las frases con los dibujos.**

Escribe frases para cada dibujo.

Ejemplo La falda es demasiado corta.

6 **Escucha a Tatiana y Leticia. Hablan de la ropa del escaparate. Une los dibujos.**

Ejemplo La camiseta es demasiado pequeña.

7 **Trabaja con tu compañero/a. Inventa una conversación similar. Mira el cuadro y el escaparate.**

B Quiero esta camiseta

8 **Tessa, Jaime, Marta y Carlos compran ropa. Escucha los diálogos en la tienda y completa la información para cada uno.**

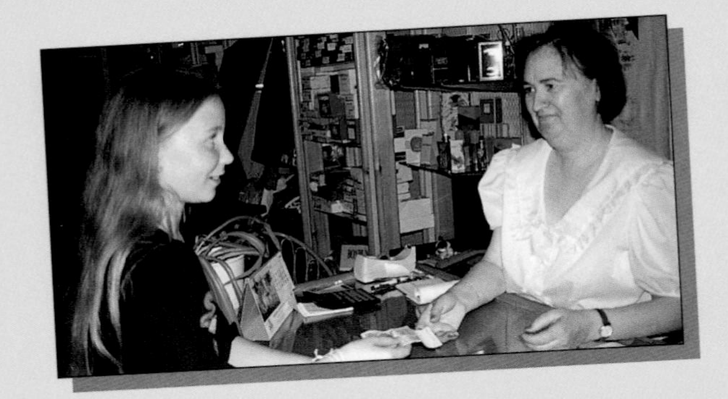

Ropa/zapatos:
Color:
Talla/número:
Precio:
¿Lo/la compra?:

¡Atención!

talla (ropa) = size
número (zapatos) = size
mediano/a = medium
es precioso/a = it's beautiful
¿puedo probarme (esta falda)? = can I try this skirt on?
pedir = to order

9 **Haz un diálogo en una tienda con tu compañero/a.**

Estudiante A: el/la cliente. Elige: ropa, color, talla, precio.
Estudiante B: el dependiente/la dependienta.

SOS Gramática SOS

lo/la = it
'lo' indica un objeto masculino
'la' indica un objeto femenino
lo quiero = I want it
la quiero = I want it
¿puedo probármelo? = can I try it on?

C ¿Qué vas a llevar a la fiesta?

10 **Escucha a Tessa y a Magda. Van a ir a una fiesta. ¿Qué ropa van a llevar?**

1 Mira los dos armarios y decide qué armario es de Tessa y qué armario es de Magda.

2 Escucha otra vez. Mira los tres dibujos de Tessa y los tres dibujos de Magda y decide qué ropa van a llevar a la fiesta.

3 ¿Por qué no quieren llevar las otras ropas?

II (P) **En grupo preparad un catálogo de moda para mandarlo a vuestros amigos españoles. Dibujad los modelos o recortadlos de una revista y escribid las descripciones en español. También podéis organizar un desfile de modelos y grabar las descripciones.**

Aventura Semanal – ¿Sabes?

Ropa tradicional en Guatemala

Muchos de los habitantes de Guatemala son indígenas de origen maya y llevan normalmente su ropa tradicional todos los días, especialmente las mujeres.
Esta ropa es muy bonita y de muchos colores. Las mujeres llevan una blusa bordada que se llama 'huipil' y una falda que se llama 'pollera'. También llevan, mujeres y hombres, ponchos o mañanitas. Los hombres llevan sombrero, especialmente para las fiestas. Las ropas las hacen las mujeres a mano y son tan complicadas que a veces se necesitan seis meses para hacer un huipil.

¡Ya sabes!

¿Cuánto cuestan los vaqueros por favor?
– Cuatro mil pesetas.
El pantalón es demasiado corto.
El pantalón: lo quiero. La camisa: la quiero.
¿Qué vas a llevar a la fiesta? Voy a llevar el vestido azul.

LECCIÓN 9

Los regalos

OBJETIVOS

- *Hablar de los regalos. Decir qué vas a comprar y para quién.*
- *Decir qué te regalan tu familia y tus amigos.*

A Voy a comprar regalos

1 **Francisco está de vacaciones. Compra regalos para su familia y sus amigos. Une los nombres con los objetos. Escucha y comprueba.**

a unos pendientes
b una pluma
c unas gafas de sol
d un collar
e un disco compacto

f un llavero
g un pañuelo
h una pulsera
i un perfume
j un anillo

2 **Escucha a Magda que pregunta a Francisco qué regalos va a comprar para su familia. Mira los dibujos y los regalos de Actividad 1. ¿Qué regalo es para qué persona?**

a mi hermana mayor
b mi hermano
c mi amigo Luis
d mi abuelo
e mi abuela

f mi padre
g mi madre
h mi prima Pili
i mi amiga Carmen
j mi primo Daniel

3 **Francisco está de vacaciones. Lee la carta que escribe a su prima Pili y rellena los espacios.**

Querida Pili:
Te escribo desde el pueblo. Hoy _____ ___ comprar regalos para toda la familia y _____ mis amigos. _____ ___ comprar un anillo _____ mi hermana María y _____ __ comprar un libro _____ mi padre. _____ mi madre _____ __ comprar una pulsera. _____ mi amigo Jorge _____ __ comprar un llavero y _____ ti... ¿Qué _____ __ comprar _____ ti? ¿Unos pendientes, una pulsera, un anillo, un disco ...? No sé. Es una sorpresa. También _____ __ comprar un regalo _____ mí porque es mi cumpleaños pronto.
Ahora voy a ir a las tiendas. Hasta pronto.
Un abrazo,
Francisco

¡no escribas aquí!

Escucha y comprueba.

4 **Escribe una carta a un/a amigo/a explicándole qué regalos vas a comprar para tu familia y para tus amigos.**

5 **¿Y tus compañeros/as? ¿Qué van a comprar para sus familias y amigos? Pregunta y completa el cuadro.**

Ejemplo Estudiante A: ¿Qué vas a comprar para tu madre?
Estudiante B: Para mi madre voy a comprar ...

persona	compañero/a 1	compañero/a 2, etc...
madre		
padre, etc.		

Escribe frases para cada compañero/a.

Ejemplo Ana va a comprar un anillo para su padre.

Pronunciación

Cuando la letra **r** va al final de la sílaba se pronuncia con más fuerza: **-ar -er -ir -or -ur**.
Ejemplos: cen**ar** com**er** cal**or** h**er**mano h**er**mana p**er**fume p**er**sona

1 **ir + a + infinitivo: indica futuro**
(yo) v**oy** a comprar
(tú) v**as** a regalar
(él/ella) v**a** a ir a la tienda

2 Preposición **para** = for
para Luis
para mi hermano
para mí

B ¿Qué te regalan?

6 **Escucha a los chicos y chicas que hablan de sus regalos. Une a cada chico/a con sus regalos.**

Omar

Sara

Jaime

Isabel

7 **Ahora tú. Habla con tu compañero/a.**

¿Qué te regalan generalmente para tu cumpleaños - tus padres, tus hermanos, tus amigos, tu familia?

¿Qué te regalan para Navidad? ¿Qué regalos quieres para tu próximo cumpleaños o para Navidad?

Ejemplo Para mi cumpleaños me regalan ...
Para mi cumpleaños quiero ...
Para Navidad quiero ...

¿Qué **te regalan** tus padres para tu cumpleaños?
Mis padres **me regalan** una pulsera.

160

regalar = to give (a present)
te regalan = they give you (a present)
me regalan = they give me (a present)

C Los anuncios

8 **Estos chicos y chicas van a comprar cosas de los anuncios en un periódico. Lee los anuncios e indica qué objetos va a comprar cada chico/a.**

Anuncios

9 **Ahora lee los anuncios otra vez y completa el cuadro.**

	Persona Objeto	Hora de llamada	Número de teléfono	Otras características
Luis				
Daniela				
Elena				

¡no escribas aquí!

10 **Trabaja en grupo. Queréis vender cinco objetos vuestros. Escribid anuncios para este periódico con la descripción de los objetos, vuestro número de teléfono, hora de llamada, precio, etc.**

Aventura Semanal – ¿Sabes?

Los Reyes Magos

En España y en los países hispanoamericanos existe la tradición de dar regalos a los niños el día 6 de enero, en que se celebra la fiesta de los Reyes Magos. Los tres Reyes Magos se llaman: Melchor, Gaspar y Baltasar y vienen de Oriente en camello con muchos regalos. Los niños escriben cartas y visitan a los Reyes antes del día cinco para pedirles los juguetes. La noche del cinco al seis de enero, los niños sacan un zapato al balcón, antes de ir a la cama, y ponen comida y agua para los camellos y para los Reyes. Por la mañana, cuando se levantan hay muchas sorpresas.

¡Ya sabes!

Voy a comprar (para mi abuelo).
¿Qué **vas a comprar** para tu abuelo?
¿Qué **vas a regalar** a tu madre?
(Para mi madre) voy a comprar unos pendientes, una pluma, unas gafas de sol, un collar, un disco compacto, un llavero, un pañuelo, una pulsera, un perfume, un anillo.
Él/ella **va a ir** a la tienda.
¿Qué **te** regalan tus padres para tu cumpleaños? Mis padres **me** regalan una pulsera.

LECCIÓN 10

¿De qué material es?

OBJETIVOS

- *Describir objetos: el material, el tamaño, el color.*

A Un anillo de oro

1 **Mira el escaparate de una tienda de regalos. Pon los objetos en el orden en que los nombra la dependienta.**

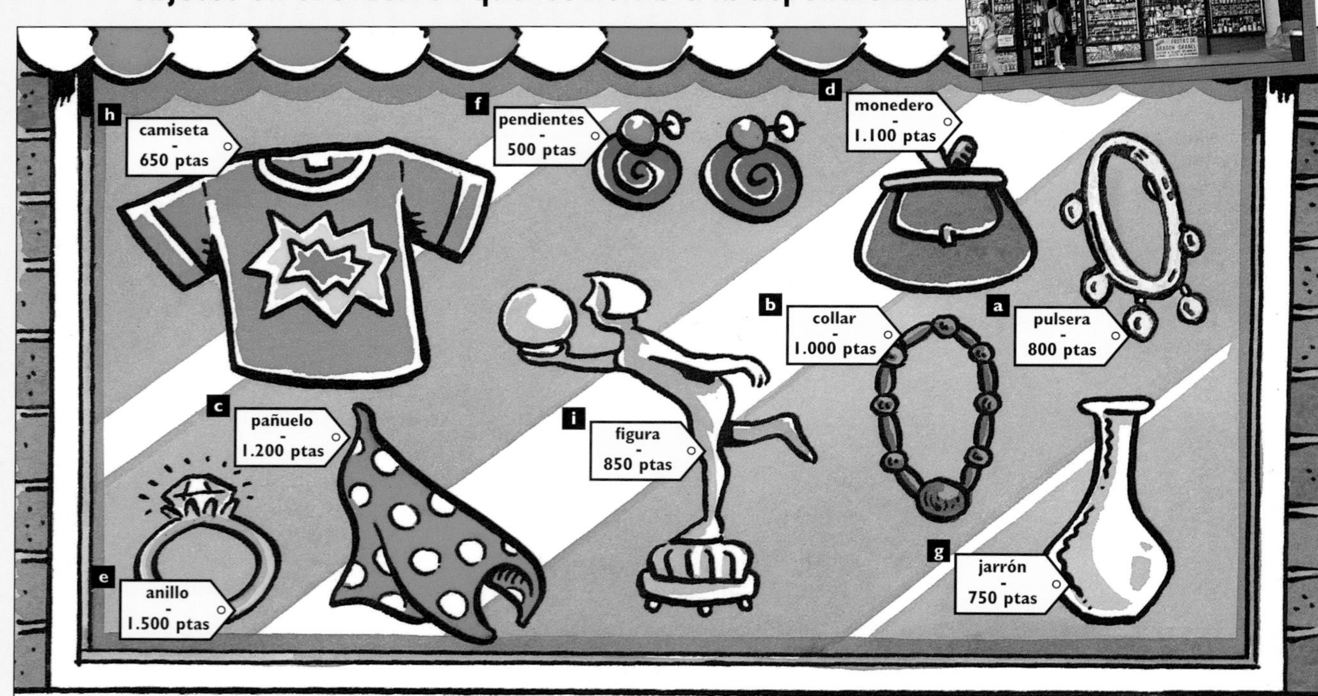

2 **¿De qué material es ...? Une los objetos de Actividad 1 con los materiales correspondientes.**

Ejemplo Una pulsera de plata

1 plástico
2 cristal
3 piel
4 oro
5 plata
6 algodón
7 seda
8 cerámica
9 madera

Atención al orden de la frase:
una pulsera **de** oro
una camiseta **de** algodón
un jarrón **de** madera
La preposición **de** indica también el material.

161

Escucha y comprueba.

3 Habla con tu compañero/a.

Ejemplo Estudiante A: ¿Cuánto cuesta la pulsera de plata?

Estudiante B: Cuesta ochocientas pesetas. ¿Cuánto cuesta el jarrón de cristal? ... etc.

Pronunciación

Todas las palabras que terminan en **on** y tienen la fuerza en la última sílaba, llevan acento:

jarr**ón** algod**ón**
cami**ón** perd**ón**

4 ¿Posible o imposible? Indica Sí o No en las frases siguientes.

Ejemplo Un monedero de plástico: Sí. Un monedero de cristal: No.

1 Una pulsera de madera.
2 Un jarrón de algodón.
3 Un anillo de seda.
4 Un collar de plata.
5 Una figura de cristal.
6 Una camiseta de oro.
7 Unos pendientes de plástico.
8 Un monedero de cerámica.

B En los grandes almacenes

5 Tessa está en unos grandes almacenes. ¿En qué sección compra estos objetos? Mira el directorio y di en qué planta compra cada regalo.

Las secciones:

¡Atención!

planta = floor
1ª = primera (primera planta)
2ª = segunda
3ª = tercera
4ª = cuarta
5ª = quinta
6ª = sexta
Bª = baja (planta baja) = ground floor
Sº = sótano = basement
el directorio = store guide
bisutería = imitation jewellery

6 **Escribe las frases:**

Ejemplo 1 Voy a comprar un bolso para mi madre en la sección de regalos.

Continúa.

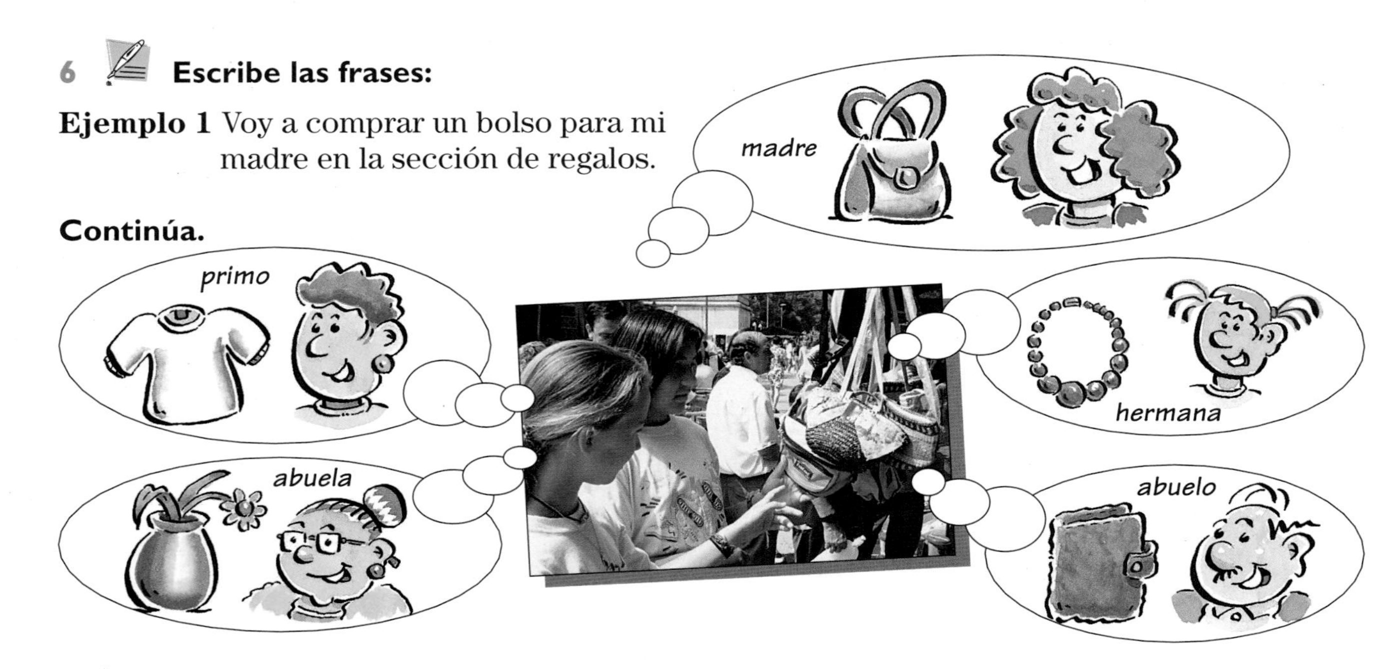

7 **Escucha a Tessa que compra unos regalos para su familia. Completa la información para cada uno.**

sección	objeto	tamaño	color	precio

¡no escribas aquí!

8 **Haz los diálogos con tu compañero/a. Tu compañero/a hace la parte del dependiente o dependienta.**

9 **¡Qué mala suerte! Pierdes tus regalos. En la oficina de objetos perdidos describes los objetos siguientes.**

Ejemplo Un sombrero rojo de tamaño grande que cuesta mil pesetas.

1.000 ptas

lo/la/los/las = it
El bolígrafo: **Lo** quiero (masculino) 160
La pulsera: **La** quiero (femenino)
Los pendientes: **Los** quiero (masculino plural)
Las gafas de sol: **Las** quiero (femenino plural)

C ¡Qué oferta!

10 **Escucha en la radio el anuncio de ofertas de los grandes almacenes El Corte Español y escribe los precios que corresponden a los productos en el folleto de propaganda.**

11  **Escucha a Tessa que habla sobre el Rastro, un mercado en la calle. Primero pon en orden las fotos. Después contesta las preguntas.**

¿Cómo es el Rastro?
¿Cuándo abre?
¿Qué venden?
¿Qué objetos típicos hay para regalos?

12 (P) **En grupo preparad un póster con información y fotos de un rastro o mercado de vuestro pueblo o ciudad.**

Aventura Semanal

Los regalos

Voy a comprar un regalo
para mi hermana chiquita,
otro para mi mamá
y también para abuelita.

La canción

¡Ya sabes!

Materiales: un anillo de oro, una camisa de algodón, un jarrón de madera, un collar de plata, una figura de cristal, unos pendientes de plástico.
La primera planta, la segunda planta, planta baja, el sótano.
El bolígrafo: lo quiero. La pulsera: la quiero.

En serio ...

Autoevaluación

1 Escribe 7 tiendas.
(14 puntos)

2 Escribe 6 cosas que puedes comprar en las tiendas.
(12 puntos)

3 ¿Qué compras con tu dinero? Escribe 4 cosas.
(8 puntos)

4 ¿A qué hora abren? ¿A qué hora cierran? Escribe 3 frases.
(9 puntos)

5 ¿Con quién ...? Contesta las preguntas con frases completas.
(8 puntos)
1 ¿Con quién vas a las tiendas?
2 ¿Con quién vas al cine?
3 ¿Con quién ves la televisión?
4 ¿Con quién haces tus deberes?

6 Escribe frases.
(6 puntos)
¿Qué haces ...
1 ...todos los sábados?
2 ...a veces?
3 ...dos o tres veces al mes?

7 ¿Qué hay en el escaparate y de qué color es? Escribe frases.
(10 puntos)

8 Completa las frases.
(8 puntos)

El jersey es __________.

La falda es __________.

La chaqueta es __________.

Los zapatos son __________.

9 ¿Qué vas a comprar y para quién? Escribe tres frases.
(12 puntos)

10 Escribe los materiales.
(5 puntos)

Un jarrón __________.

Un anillo __________.

Una bolsa __________.

Una pulsera __________.

Una mesa __________.

11 Mira la frase: El pañuelo. Lo quiero.
Completa estas frases.
(8 puntos)
La pulsera. __________.
Los pendientes. __________.
Las gafas. __________.
El jersey. __________.

Total = /100

... y en broma

1 **Lee la sección "Se busca", de la revista musical *Bravo* y busca las diferencias entre las dos fotos de este famoso grupo musical.**

2 **Lee estas adivinanzas. ¿Qué dibujos son?**

a Oro parece, plata no es, el que no lo adivine muy tonto es. ¿Qué es?

b Brilla tanto como el oro
y si miras no lo ves
si se esconde estamos tristes,
si aparece es al revés.
¿Qué es?

c Es redonda como un queso,
pero parece de plata,
todo blanco lo ilumina,
hasta llegar la mañana.
¿Qué es?

d Soy blanca como la nieve
y parezco de algodón,
aunque no soy una tela.
Me voy cuando sale el sol.
¿Qué soy?

a plátano b el sol c la luna **d una nube**

3 Éste es un artículo de moda juvenil de la revista española *Chica*. Mira los modelos y escribe el nombre del chico o la chica que los lleva en las descripciones correspondientes.

A LISTOS PARA EL INSTITUTO | **B LISTOS PARA SALIR**

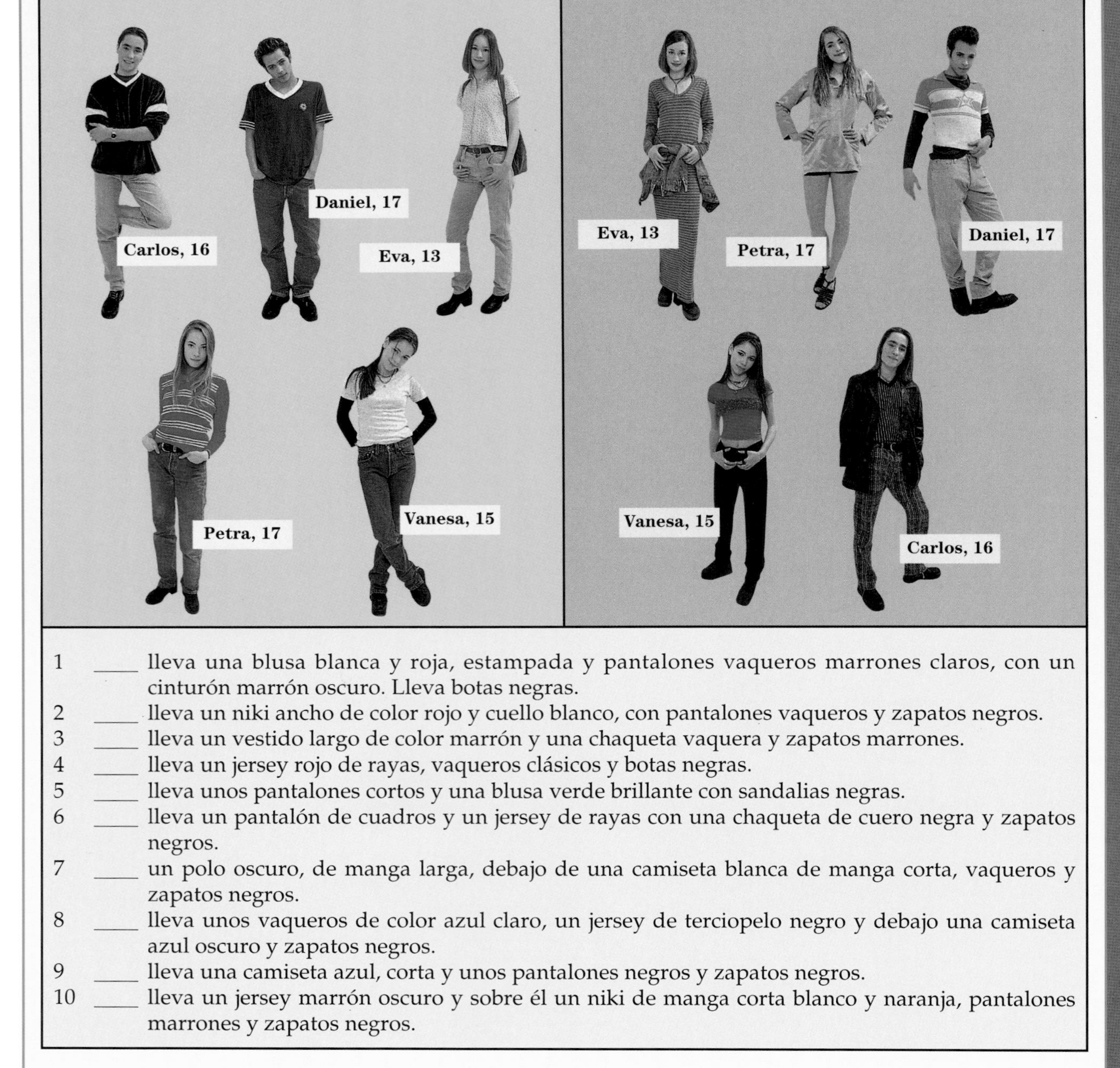

1 ____ lleva una blusa blanca y roja, estampada y pantalones vaqueros marrones claros, con un cinturón marrón oscuro. Lleva botas negras.
2 ____ lleva un niki ancho de color rojo y cuello blanco, con pantalones vaqueros y zapatos negros.
3 ____ lleva un vestido largo de color marrón y una chaqueta vaquera y zapatos marrones.
4 ____ lleva un jersey rojo de rayas, vaqueros clásicos y botas negras.
5 ____ lleva unos pantalones cortos y una blusa verde brillante con sandalias negras.
6 ____ lleva un pantalón de cuadros y un jersey de rayas con una chaqueta de cuero negra y zapatos negros.
7 ____ un polo oscuro, de manga larga, debajo de una camiseta blanca de manga corta, vaqueros y zapatos negros.
8 ____ lleva unos vaqueros de color azul claro, un jersey de terciopelo negro y debajo una camiseta azul oscuro y zapatos negros.
9 ____ lleva una camiseta azul, corta y unos pantalones negros y zapatos negros.
10 ____ lleva un jersey marrón oscuro y sobre él un niki de manga corta blanco y naranja, pantalones marrones y zapatos negros.

Busca estas palabras en el diccionario: estampada, niki, cuello, brillante, manga, cuero, polo, terciopelo.

1 Eva(A) 2 Daniel(A) 3 Eva(B) 4 Petra(A) 5 Petra(B) 6 Carlos(B) 7 Vanesa(A) 8 Carlos(A) 9 Vanesa(B) 10 Daniel(B)

de verdad

4 Lee el artículo sobre tiendas y objetos típicos españoles y elige qué regalos quieres comprar para tu familia y amigos.

1 porrón

2 bota

3 cestas

4 abanicos

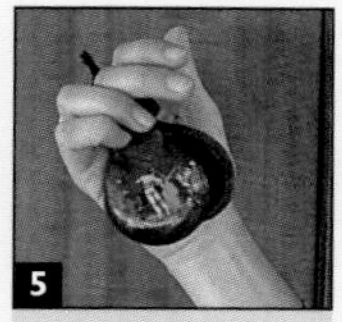
5 castañuelas

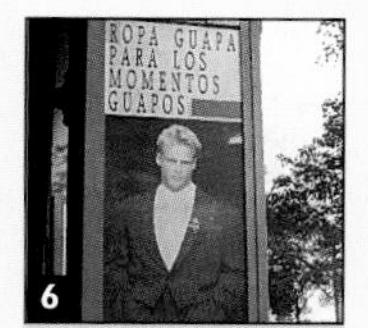

6 moda masculina

En España hay tiendas de todo tipo y se pueden comprar muchos objetos típicos. Hay botijos para beber agua, porrones y botas para beber, hay cestas para ir a la compra, hay jarras, platos y otras cosas de cerámica. También hay muñecas vestidas con los trajes de las diferentes regiones. Hay abanicos para cuando hace calor y sombreros para el sol. Hay castañuelas, un instrumento musical especial para la música tradicional española. Hay ropa muy elegante; la moda española es muy internacional. Los zapatos y sandalias españoles son muy buenos y bastante baratos: son de piel de excelente calidad. También hay sandalias y alpargatas de tela. También hay tiendas donde puedes comprar la comida y los dulces y caramelos típicos de la región. La artesanía española es famosa en todo el mundo.

7 moda española femenina

8 zapatos

9 caramelos: adoquines

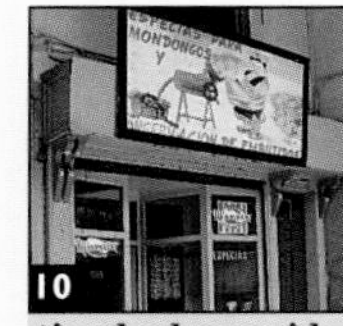
10 tienda de comida típica

11 sandalias

12 centro comercial

13 muñecas

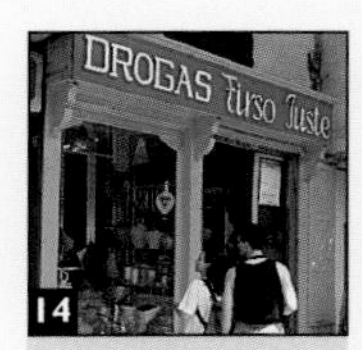

14 escaparates

Mira las fotos y los nombres de las cosas mencionadas en el artículo. Haz la sopa de letras. Busca las palabras que están debajo de las fotos. Hay algunas que no están. ¿Cuáles son?

Sopa de letras

J	C	E	S	T	A	S	D	N	I	R	P	K	P	X
L	A	M	D	P	N	O	V	F	O	Q	O	J	F	R
E	S	C	A	P	A	R	A	T	E	S	N	E	F	C
L	T	N	Ñ	I	V	Ñ	H	A	Y	A	T	O	B	Y
S	A	J	M	O	D	A	O	B	D	N	L	E	G	H
E	Ñ	P	U	L	O	D			E	D	U	B	E	X
E	U	I	Ñ	U	S				P	A	Z	A	P	O
D	E	L	E	P	Q				I	L	R	M	Z	N
A	L	F	C	R	A				T	I	E	N	D	A
C	A	R	A	M	E				E	A	O	Y	U	M
G	X	H	S	I	C	L	R	J	H	S	M	Ñ	O	B
J	M	Q	R	A	X	E	R	Z	E	D	E	U	T	S
S	E	Ñ	B	Z	O	Ñ	Ó	R	S	G	F	M	B	J
F	T	I	V	A	B	A	N	I	C	O	P	N	I	K
U	O	N	E	L	E	R	Z	D	A	F	L	É	T	X
L	A	I	C	R	E	M	O	C	O	R	T	N	E	C

¡no escribas aquí!

LECCIÓN 11

Me encanta la música

OBJETIVOS

- ***Decir qué tipo de música te gusta.***
- ***Hablar de instrumentos musicales.***

A ¿Sabes tocar la guitarra?

1 **¿Sabes tocar estos instrumentos? Une el instrumento con su nombre.**

a la batería
b el piano
c el teclado
d la guitarra
e el saxofón
f la trompeta
g la flauta
h el bajo
i el violín

Escucha y comprueba. Repite los nombres de los instrumentos. Busca más instrumentos en el diccionario.

2 **Estos chicos forman un grupo musical de Pop-Rock. Escucha y completa el cuadro.**

nombre	Raúl	Pedro	Toni	José
edad				
es de				
instrumento(s)				

¡no escribas aquí!

3 **Trabaja en grupos de cinco: un/a entrevistador/a y los cuatro miembros del grupo de Actividad 2.**

Ejemplo Entrevistador/a: ¿Cómo te llamas?
Raúl: Me llamo Raúl.
Entrevistador/a: ¿Y de dónde eres?

Pronunciación

Escucha estas palabras que llevan el acento en la antepenúltima sílaba: música, clásica, máquina, romántica, México

4 **¿Y tú? ¿Tocas algún instrumento? ¿Qué instrumento es? Pregunta a tus compañeros/as.**

B ¿Qué tipo de música te gusta?

5 **Escucha a los cuatro chicos y chicas que están en la tienda de discos. ¿Qué música prefieren?**

1 Goreti

2 Carlos

3 Magda

4 Francisco

Escucha otra vez y contesta las preguntas.

1 ¿A quién le gusta la música rap, y le encanta la salsa, pero no toca ningún instrumento?
2 ¿A quién le gusta la música reggae y los musicales, toca el piano y no le gusta la música de discoteca?
3 ¿A quién le gusta la música rock, no le gusta la música romántica y toca un poco la guitarra?
4 ¿A quién le gusta la música pop, las chicas cantantes y toca el saxofón, le gusta la música clásica y le encanta la música máquina?

¿Qué más información hay sobre cada chico/a?

6 **Encuesta en la clase. Pregunta a tus compañeros/as. Completa el cuadro y añade la información a la base de datos de la clase.**

nombre	música que le gusta	música que no le gusta	grupo, cantante favorito	toca instrumentos/ canta
		¡no escribas aquí!		

7 **Ahora escribe frases sobre tus amigos. Usa la información del cuadro.**

Ejemplo A Mary le gusta la música pop.
A John no le gusta la música clásica.

160

(a mí) me gusta(n)	me encanta
(a ti) te gusta(n)	me aburre
(a él/ella) le gusta(n)	me interesa

¿**Sabes** tocar un instrumento musical?
Sí, sé tocar ... No, no **sé**.

8 **Lee la carta de Tessa. Escribe la frase que corresponde a cada foto.**

Querido Juan:
Me preguntas qué tipo de música me gusta. Me gusta la música en general. Siempre escucho música pop en mi habitación mientras hago los deberes. Me gusta la música rap pero no mucho. Toco el piano y me gusta tocar música clásica, pero no me gusta escuchar mucha música clásica. Prefiero la música de discoteca. Me gustan los grupos de rock y reggae. No me gusta la música heavy. Es muy aburrida y monótona. Prefiero las canciones bonitas. Me gusta el flamenco y sé bailar un poco. Voy a clases de bailes de salón como la salsa, el tango, el cha, cha, chá. Son muy divertidos. También me gusta mucho la danza clásica.
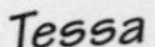
Tessa

1

2

3

4

¿Verdad o mentira?

1 Le gusta toda la música.
2 Hace los deberes y escucha música en la radio.
3 Toca música clásica.
4 Le encanta escuchar siempre música clásica.
5 No le gusta la música de discoteca.
6 La música heavy es interesante.
7 Le encanta tocar el piano.
8 Sabe bailar flamenco.

9 **Escribe una carta a un/a amigo/a con información similar.**

C Artistas famosos

10 **Lee esta información sobre nuevos discos que da la revista mexicana *Tú* y busca la siguiente información:**

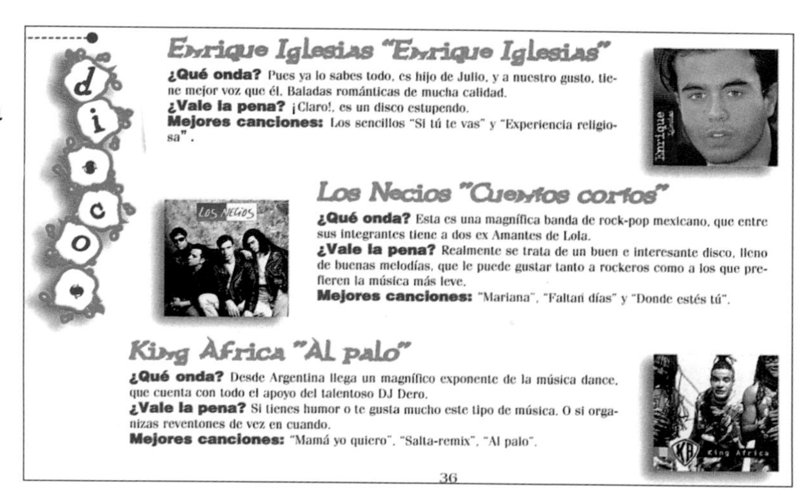

Enrique Iglesias "Enrique Iglesias"

¿Qué onda? Pues ya lo sabes todo, es hijo de Julio, y a nuestro gusto, tiene mejor voz que él. Baladas románticas de mucha calidad.
¿Vale la pena? ¡Claro!, es un disco estupendo.
Mejores canciones: Los sencillos "Si tú te vas" y "Experiencia religiosa".

Los Necios "Cuentos cortos"

¿Qué onda? Esta es una magnífica banda de rock-pop mexicano, que entre sus integrantes tiene a dos ex Amantes de Lola.
¿Vale la pena? Realmente se trata de un buen e interesante disco, lleno de buenas melodías, que le puede gustar tanto a rockeros como a los que prefieren la música más leve.
Mejores canciones: "Mariana", "Faltan días" y "Donde estés tú".

King Àfrica "Al palo"

¿Qué onda? Desde Argentina llega un magnífico exponente de la música dance, que cuenta con todo el apoyo del talentoso DJ Dero.
¿Vale la pena? Si tienes humor o te gusta mucho este tipo de música. O si organizas reventones de vez en cuando.
Mejores canciones: "Mamá yo quiero", "Salta-remix", "Al palo".

36

Un cantante ...
Un grupo mexicano ...
Es un disco romántico ...
Música con humor ...
Una canción de Enrique Iglesias ...
Son argentinos ...
Tocan música para bailar ...
Tocan música rock, pero no fuerte ...

11  **Trabaja en grupo. Preparad un póster en español con fotos e información sobre los grupos y cantantes que son populares en tu país.**

Aventura Semanal — Veinte de Kopas

Este es el grupo Veinte de Kopas, son de Belchite y Zaragoza, un pueblo y una ciudad que están en Aragón, España. El grupo está formado por estos seis chicos:

M. A. Benito 'Gato': Voz, coros y armónica.
Rodrigo M. 'Rodro': Voz, coros y arpa.
Roberto G. 'Vasko': Batería, coros y saxo.
Alberto S.: Guitarra, voz, coros y acordeón.
Cristobal G. 'Genio': Bajo, coros y trompetas.
Donato O. 'Animal': Guitarras, coros y carracas.

Ahora vamos a escuchar una de sus canciones.

MAS FUERTE

Sales de casa, hoy te sientes bien,
tarareando la canción de ayer.
Una cara, una sonrisa,
un corazón que va a cien.

¡Ya sabes!

¿**Tocas** un instrumento? **Toco** la guitarra, la batería, el saxofón, la trompeta, la flauta, el bajo.
A mí me gusta la música clásica, salsa, rock.
Me encanta/Me interesa/Me aburre la música pop.
¿Sabes tocar el piano? Sé tocar el piano

LECCIÓN

12 ¿Qué hay en la tele?

O B J E T I V O S

- ***Describir programas de televisión.***
- ***Decidir qué programa ver en la televisión.***

A ¿Qué programas te gustan?

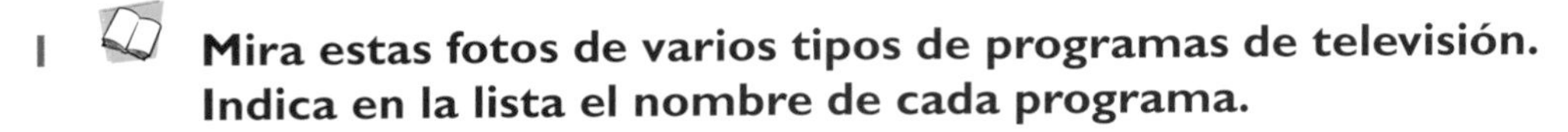

1 Mira estas fotos de varios tipos de programas de televisión. Indica en la lista el nombre de cada programa.

a una película
b un programa de entrevistas
c un programa de música pop
d las noticias
e un documental de animales
f un concurso
g un programa de variedades
h una telenovela
i un programa infantil
j una serie de comedia

Escucha y comprueba.

2 ¿Cómo son los programas? ¿Interesantes, aburridos, emocionantes, divertidos? Elige una de estas palabras para describirlos según tu opinión. Practica con tu compañero/a:

Ejemplo El programa de humor es divertido.

Tessa describe los programas. Escucha y compara tus respuestas con las de Tessa.

¡Atención!

emocionante = exciting
entretenido/a = entertaining
serio/a = serious
gracioso/a = amusing/funny

3 **Escucha a los chicos y chicas. Dicen qué tipo de programa prefieren y por qué, y qué programas no les gustan y por qué.**

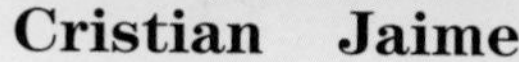
Cristian Jaime

Goreti Carlos

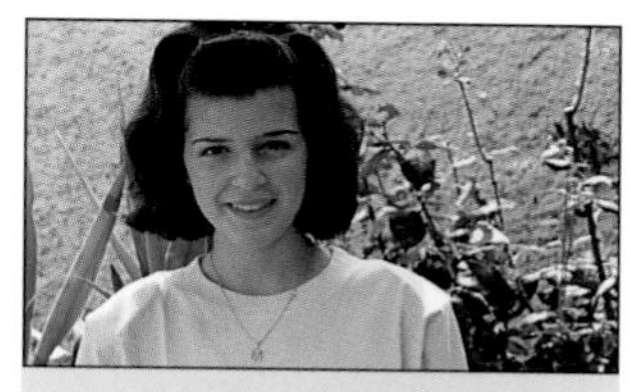
Susana

nombre	Le gustan los programas de...	¿Por qué?	No le gustan los programas de...	¿Por qué?
Cristian				
Jaime				

4 **Habla con tus compañeros/as. Pregunta:**

¿Qué programas son tus favoritos? ¿Por qué?
¿Qué programas no te gustan? ¿Por qué no?

Completa un cuadro como el de Actividad 3. Decidid qué programas son más populares y menos populares en la clase.

B Los programas del día

5 **Lee la guía de los programas de tres días. ¿Qué diferencias hay? Después escucha a la presentadora y decide qué día es hoy.**

LUNES: 28 DE AGOSTO

TVE 1

07.55 Estamos de vacaciones. Programa infantil de series, dibujos, y música.
10.30 Club Disney Verano: dibujos animados.
11.30 La serie, Las historias de Clarissa. Clarissa tiene un sueño.
12.00 El increíble Hulk. Otro episodio de esta serie basada en el cómic de *Marvel.*
12.45 Vamos tirando. Baile de bienvenida. Una serie americana.
13.10 SeaQuest. Los vigilantes del fondo del mar.
14.00 Informativo territorial.
14.30 Blossom. Querida mamá. Blossom quiere escribir una carta a su mamá.
15.00 Telediario 1.
15.45 Agujetas de color rosa. Telenovela mexicana.
17.15 No pasa nada. Temporada de cine. Ver páginas películas.

MARTES: 29 DE AGOSTO

TVE 1

07.55 Estamos de vacaciones. Programa infantil de series, dibujos, y música.
10.30 Club Disney Verano. Dibujos animados.
11.30 La serie, Las historias de Clarissa. Clarissa y Sam inventan un objeto.
12.00 El increíble Hulk. Otro episodio de esta serie basada en el cómic de *Marvel.*
12.45 Vamos tirando. Carta al presidente. Julie escribe al presidente. Serie americana.
13.10 SeaQuest. Los vigilantes del fondo del mar.
14.00 Informativo territorial.
14.30 Blossom. Las crónicas de Joey.
15.00 Telediario 1.
15.45 Agujetas de color rosa. Telenovela mexicana.
17.00 Los locos invasores del espacio. Temporada de cine. Ver páginas películas.

MIÉRCOLES: 30 DE AGOSTO

TVE 1

07.55 Estamos de vacaciones. Programa infantil de series, dibujos, y música.
10.30 Club Disney Verano. Dibujos animados.
11.30 La serie, Las historias de Clarissa. El hermano de Clarissa quiere ser presidente de la clase.
12.00 El increíble Hulk. Otro episodio de esta serie basada en el cómic de *Marvel.*
12.45 Vamos tirando. Falsificando notas.
13.10 SeaQuest. Los vigilantes del fondo del mar.
14.00 Informativo territorial.
14.30 Blossom. ¿Amor, a qué precio?
15.00 Telediario 1.
15.45 Agujetas de color rosa. Telenovela mexicana.
17.00 La vida secreta de Ian Fleming. Temporada de cine. Ver páginas películas.

Ahora eres tú el presentador/la presentadora: lee los programas de hoy.

6 Lee las descripciones de los programas y únelas con las fotos y los nombres. Después contesta las preguntas.

1 Serie española de las aventuras de unos chicos que pasan el verano en la playa.

2 Lourdes Repiso y Juanjo Guerenabarrena con las noticias más importantes nacionales e internacionales del día.

3 La popular cantante Rosario Flores promociona su último disco en este programa de variedades.

4 Un nuevo capítulo de situaciones increíbles y divertidas en esta serie española de estudiantes en una universidad.

5 Una serie de un grupo de médicos en un gran hospital metropolitano.

6 Éstos son los actores que protagonizan esta serie de los vigilantes en las exóticas playas de Malibú, California.

a Verano azul

b Los vigilantes de la playa

c Chicago Hope

d Telenoticias

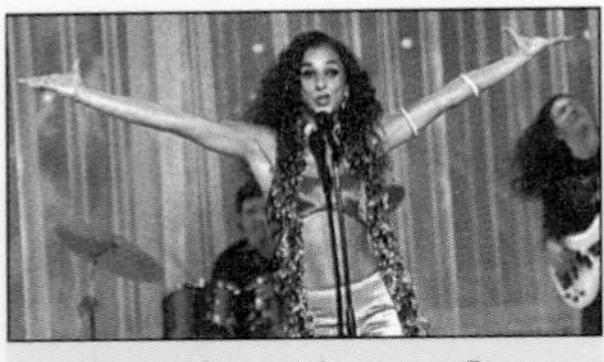

e Aquí no hay playa

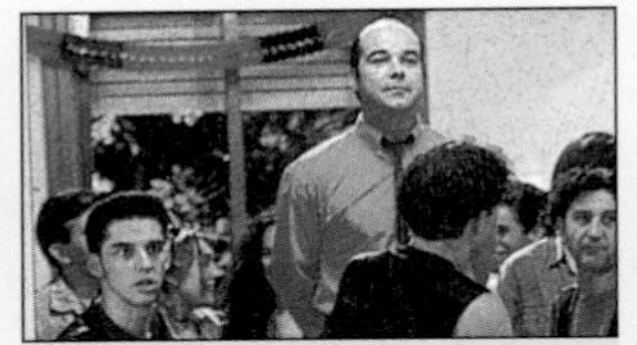

f Colegio Mayor

¿Quién/Quiénes ...

1 leen las noticias?
2 trabajan en un hospital?
3 estudian en una universidad?
4 trabajan en la playa?
5 juegan en la playa?
6 canta sus nuevas canciones?

7 Escucha a Tessa y a Francisco. ¿Que programas van a ver en la televisión esta noche?

1 ¿Qué programa quiere ver Tessa primero?
2 ¿Quiere ver el programa Francisco?
3 ¿Por qué?
4 ¿Qué programa quiere ver Francisco después?
5 ¿Qué programa quiere ver Tessa?
6 ¿A qué hora es el programa que Tessa quiere ver?
7 ¿Qué programa van a ver después de las noticias?
8 ¿Qué quiere hacer Francisco después del programa y por qué?
9 ¿Acepta Tessa la idea de Francisco?

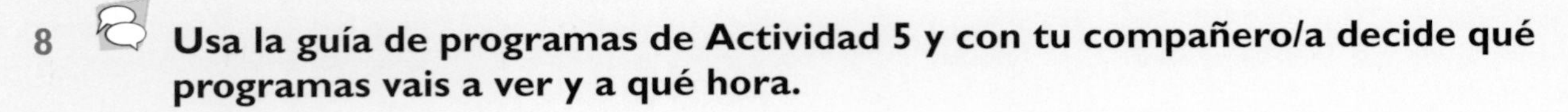

8 Usa la guía de programas de Actividad 5 y con tu compañero/a decide qué programas vais a ver y a qué hora.

Ejemplo A las once y media vamos a ver *Las historias de Clarissa.*

C Una estrella mexicana

9 **Lee esta entrevista de una revista mexicana sobre Diego Luna, un actor muy famoso de telenovelas mexicanas. Contesta las preguntas.**

DIEGO LUNA

Diego Luna es actor desde los siete años. Actúa en el teatro, el cine (con tres películas) y en la televisión. Diego es un chavo superactivo. Tiene quince años y "El premio mayor" es su tercera telenovela después de "El abuelo y yo" y "Ángeles sin paraíso". Pero ya no es un niño. Ahora empieza a representar papeles de adolescente.

¿Te gusta hacer tu papel en "El premio mayor"?
"Sí. En "El premio mayor" tengo el papel de Quique, un chavito de mi edad. Adora a su hermano mayor y a su papá. Me encanta hacer papeles de chicos de mi edad."

¿En contraste con Quique, ¿cómo es Diego Luna?
Soy un chavo supernormal. Tengo muchos amigos y me gusta salir con ellos, tengo una novia a la que quiero mucho. Y tengo que estudiar.

¿Tomas clases particulares o vas a una escuela normal?
Voy a la escuela. Estoy en segundo de preparatoria. Generalmente trabajo en la telenovela después de las doce, la hora que salgo de la escuela.

¿Quieres continuar tus estudios después de la prepa?
Sí. Quiero estudiar actuación para mejorar mi trabajo y algún día quiero ser director de cine y televisión.

Trabajas mucho y estudias. ¿Cuándo te diviertes?
Los fines de semana me gusta jugar al fútbol con mis amigos.

¡Atención!

chavo/chavito = young boy (Mexican)
la prepa = (la preparatoria) Mexican word for secondary school
el papel = role
la actuación = performance
mejorar = to improve

1 Diego tiene 10/15/7 años.
2 El Premio Mayor es su 1ª/2ª/3ª telenovela.
3 ¿Cómo es Diego? Es normal/especial/antipático.
4 Estudia en una escuela privada/en una escuela normal/en clases particulares.
5 Trabaja en la telenovela por la tarde/la mañana/la noche.
6 En el futuro quiere ser actor/cantante/director.

10 Ⓟ **En grupos preparad una guía de programas de televisión para la semana. Diseñad un póster con fotos, dibujos y descripciones de los programas.**

Aventura Semanal

Me gusta ver la tele

Me gusta ver la tele
no sé qué voy a hacer
mis programas favoritos
sólo quiero ver.

La canción

¡Ya sabes!

Los programas de la televisión: las noticias, el documental, un concurso, un programa de variedades, una telenovela. El programa es interesante, aburrido.

LECCIÓN 13

Los ordenadores y videojuegos

OBJETIVOS

- *Hablar de ordenadores y de videojuegos.*
- *Expresar tu opinión.*

A Éste es mi ordenador

1 Escucha a Tessa que dice los nombres de las partes del ordenador. Después une las palabras con los dibujos.

El ordenador:

a el disquete
b el disco duro
c el monitor
d el ratón
e el teclado
f el *joy-stick*/la palanca
g el CD Rom
h la consola
i el disco compacto
j la pantalla

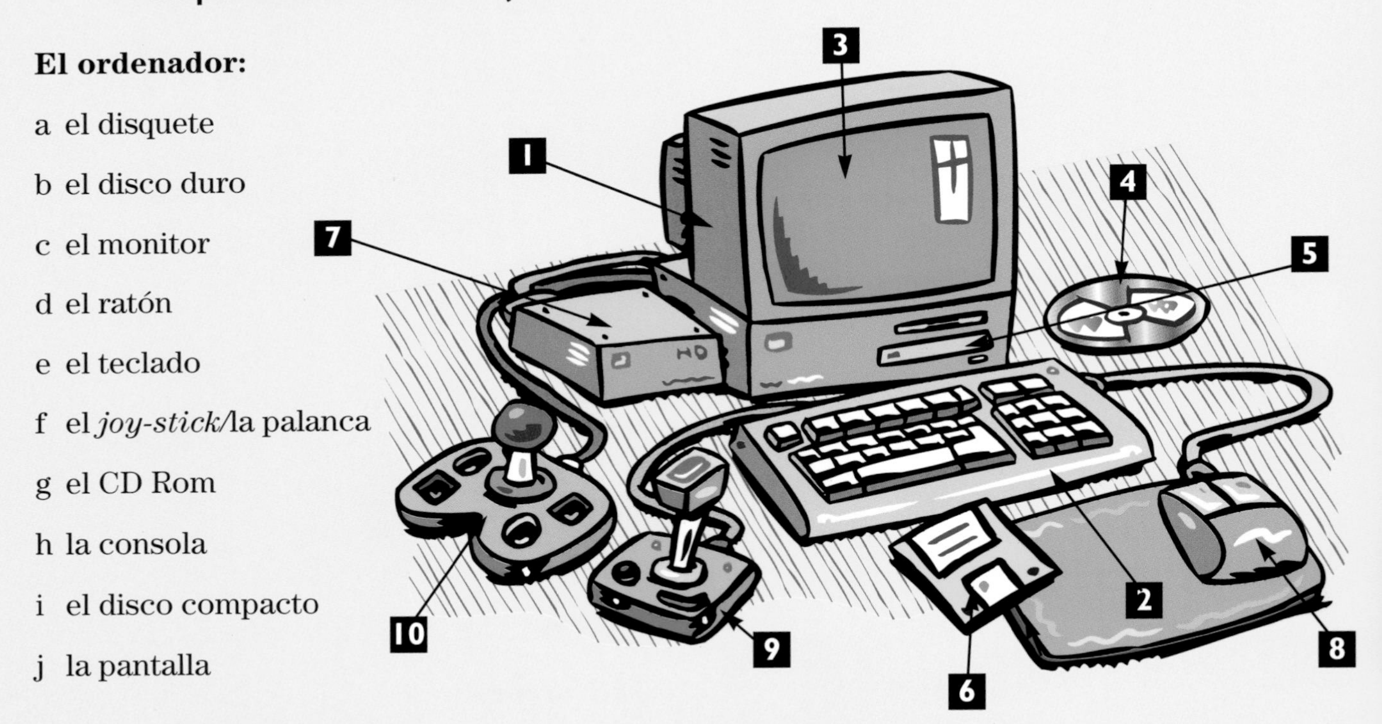

Escucha otra vez y comprueba. ¿Hay palabras similares en tu idoma?

2 Escucha a Elena y a Luis y contesta las preguntas.

1 ¿Quién cree que los videojuegos crean adicción?
2 ¿Qué actividades prefiere hacer Elena en su ordenador?
3 ¿Qué piensa Elena de los videojuegos?
4 ¿Qué piensa Luis de los videojuegos?
5 ¿Por qué le gusta a Luis su ordenador?

3 **Escucha otra vez. ¿Quién dice que los videojuegos son:**

1 todos iguales
2 aburridos
3 emocionantes
4 divertidos
5 interesantes
6 violentos
7 sexistas
8 caros

Ahora escribe frases en dos listas:

4 **¿Estás de acuerdo? Habla con tu compañero/a.**

Ejemplo Estudiante A: ¿Crees que los videojuegos son todos iguales?
Estudiante B: No, no estoy de acuerdo. Creo que los videojuegos son diferentes. Hay muchos tipos de videojuegos.

Expresar tu opinión:
Creo que los videojuegos son aburridos.
Estoy de acuerdo.
No estoy de acuerdo.

Superlativos de adjetivos:
El (ordenador) **más caro/barato**/es ....
El (ordenador) **menos caro** es...
El **mejor/peor** ordenador es...

¡Atención!

de segunda mano = second hand
caro = expensive
barato = cheap
mejor = best
peor = worst

B El juego más interesante

5 **Mira los dibujos y contesta las preguntas.**

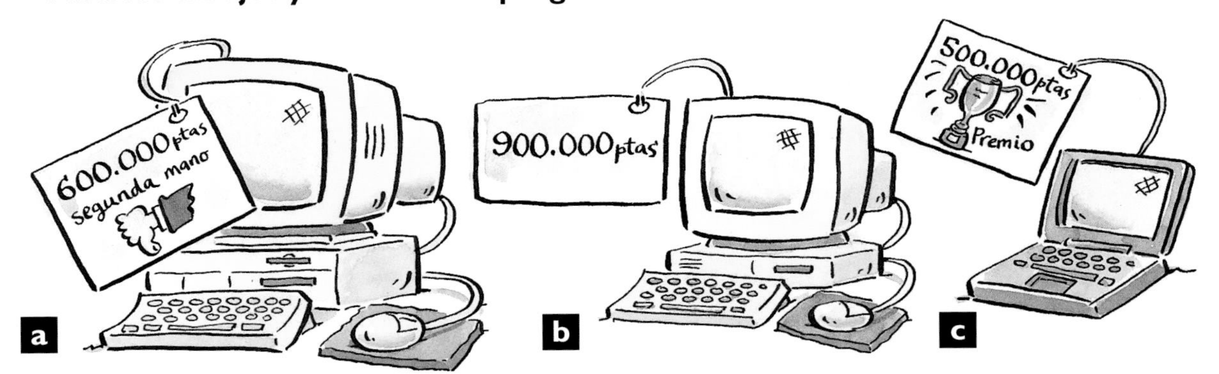

¿Cuál es el ordenador ...
1 más grande?
2 más pequeño?
3 más caro?
4 más barato?
5 más viejo?
6 mejor?
7 peor?

Escucha y comprueba

6  **Lee las críticas de videojuegos de una revista y contesta las preguntas. Trabaja con tu compañero/a**

1 ¿Qué juego es el mejor?
2 ¿Qué juego es el peor?
3 ¿Qué juego tiene los mejores efectos?
4 ¿Qué juego tiene la peor música?
5 ¿Qué juego tiene los mejores gráficos?
6 ¿Qué juego tiene la peor animación.
7 ¿Qué juego es el más caro?
8 ¿Qué juego es el más barato?

 **Escribe frases.**

Ejemplo El mejor juego es Gusanitos.

GUSANITOS
10.000 ptas.

Gráficos: 88. Excelente.

Animación: 90. Los gusanos son auténticos.

Música: 79. Buena, pero sólo una melodía.

Efectos : 91 Excelentes voces y otros sonidos.

Para jugar: 90. Excelente, especialmente para dos jugadores.

¿Quieres jugar otra vez? 87. Sí, y otra vez.

En total: 87. Un juego excelente.

LOS GUERREROS
8.000 ptas.

Gráficos: 44. No hay mucha imaginación en estos gráficos.

Animación: 43. Muy mal.

Música: 44. Muy mal.

Efectos: 40. Todo suena igual.

Para jugar: 41 Aburrido.

¿Quieres jugar otra vez? 42 No.

En total: 42. Muy decepcionante; un juego aburrido.

HÉROES
4.000 ptas.

Gráficos: 82. Buenos gráficos de los personajes.

Animación: 81 Un buen nivel.

Música: 42. Terrible.

Efectos: 60. No son fantásticos.

Para jugar: 84 Bueno, pero difícil.

¿Quieres jugar otra vez? 85. Muchos niveles y enemigos diferentes.

En total: 85. Sin sorpresas, pero de buena calidad.

7  **Escucha este programa de radio sobre videojuegos. El crítico, Esteban, habla de Pánico, un nuevo juego. Completa el cuadro con la información.**

8  **Con tu compañero/a escribe la crítica y la ficha de dos videojuegos que conoces (si quieres, inventa).**

PÁNICO

Precio:
Gráficos:
Animación:
Música:
Efectos:
Para jugar:
¿Quieres jugar otra vez?:
En total:

C ¿Tienes un ordenador en casa?

9 **Lee la carta de Elena a su amigo Carlos. ¿Qué dice sobre los ordenadores y la televisión?**

Querido Carlos:

Tengo un ordenador y una videoconsola. Uso el ordenador para estudiar y también para jugar, pero prefiero los videojuegos. También me gusta ver la televisión. Mi madre dice que juego demasiado con el ordenador, pero sólo juego unas diez horas a la semana, de lunes a viernes, porque no tengo tiempo cuando voy al instituto. Los fines de semana juego seis horas más. También veo la televisión unas quince horas a la semana, en total. Me gusta leer y estudiar, pero no tengo mucho tiempo. Tengo muchos videojuegos, pero mi favorito es Grand Prix. Es un juego de carreras de coches. Es muy emocionante. No me gustan los juegos de luchas, son muy aburridos y violentos. ¿Y tú? ¿Juegas con el ordenador? ¿Cuáles son tus juegos favoritos?

Hasta pronto. Un abrazo,

Elena

10 **Haz una encuesta en clase sobre ordenadores. Después escribe una carta a Elena con tu información.**

	yo	compañero/a 1	compañero/a 2
¿Usas el ordenador en casa?			
¿Para estudiar?			
¿Para jugar?			

¡no escribas aquí!

Aventura Semanal – ¿Sabes?

Ahora puedes viajar sin salir de tu casa. Si quieres puedes visitar la Amazonia con este interesante CD-ROM “Amazonia, la Tierra de las Aguas”.

¡Ya sabes!

El disquete; el disco duro; el monitor; el ratón; el teclado; los gráficos; el ordenador; la consola; la pantalla; el *joystick*

Adjetivos para describir los videojuegos: aburridos, emocionantes.

Estoy de acuerdo, no estoy de acuerdo.
Creo que ...
El juego más interesante, menos interesante.
El mejor, el peor.

LECCIÓN

14 Me gusta leer y escribir

O B J E T I V O S

- ***Hablar de libros, revistas y tebeos o cómics.***
- ***Decir qué te gusta y qué no te gusta leer.***

A ¿Qué lees?

1 Escucha, lee y repite.

1 una revista

2 un cómic/ un tebeo

3 un periódico

4 un libro

5 un cuento

2 Escucha a los chicos y las chicas. ¿Qué leen? Une las fotos con las imagenes de actividad 1.

Tessa

Goreti

Carlos

Elena

Isabel

Escucha otra vez y di qué tipo de libros leen.

Ejemplo Tessa: Libros de terror.

3 **Escribe frases.**

Ejemplos Tessa lee revistas y libros de terror.
A Tessa le gustan los libros de terror.

4 **¿Y tú, qué lees? Habla con tus compañeros. ¿Qué tipo de libro/revista o cómic es más popular?**

B Revistas para todos

5 **¿Qué tipo de revistas hay?**
Lee el texto y une las revistas con las palabras.

ecología | deportes | del corazón

informática y videojuegos | ciencia y tecnología | viajes | musical

moda | televisión | juvenil

Escucha y comprueba.

¡Atención!

revista de informática = computer magazine
revista juvenil = teenage magazine
revista del corazón = gossip magazine

Pronunciación

Al principio de palabra escribimos una 'r' pero se pronuncia como 'r' doble: revista; ropa; rosa.

6 **Tessa y sus amigos hablan ahora de revistas. Une cada chico/a con las revistas que leen.**

Ejemplo Tessa = musicales

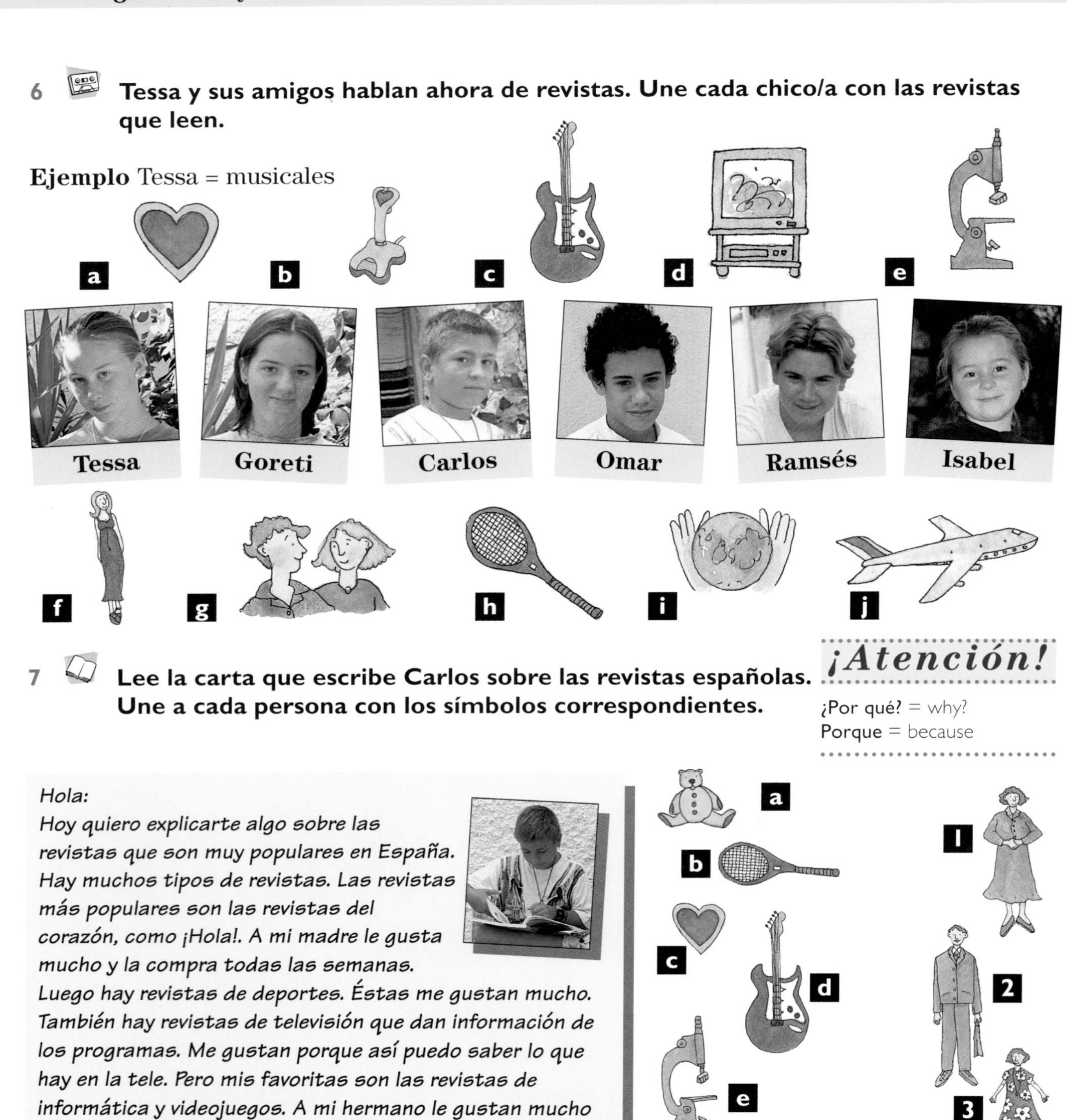

7 **Lee la carta que escribe Carlos sobre las revistas españolas. Une a cada persona con los símbolos correspondientes.**

¡Atención!
¿Por qué? = why?
Porque = because

Hola:
Hoy quiero explicarte algo sobre las revistas que son muy populares en España. Hay muchos tipos de revistas. Las revistas más populares son las revistas del corazón, como ¡Hola!. A mi madre le gusta mucho y la compra todas las semanas.
Luego hay revistas de deportes. Éstas me gustan mucho. También hay revistas de televisión que dan información de los programas. Me gustan porque así puedo saber lo que hay en la tele. Pero mis favoritas son las revistas de informática y videojuegos. A mi hermano le gustan mucho las revistas juveniles y las de ecología y mi hermana mayor compra revistas de música y de moda, que también son muy populares. Mi padre prefiere las revistas de viajes y mi hermana pequeña siempre lee revistas de ciencia porque le gusta mucho estudiar y su asignatura favorita son las ciencias. ¿Qué revistas te gustan a ti?
Carlos

a b c d e f g h i

1 2 3 4 5

8 **Habla con tus compañeros/as en grupo.**

Pregunta: ¿Qué lees? (libros, revistas, cómics, etc.)
¿Y tu familia: tu madre, tu hermano, etc.?
¿Qué tipo de revistas lees? ¿Por qué?
¿Qué tipo de revistas leen? ¿Por qué?

9 **Escribe una carta similar a la de Carlos.**

C Prefiero los tebeos y los cómics

10 **Escucha a Tessa y pon los tebeos en el orden en que los menciona. ¿Cuáles son sus favoritos?**

a Súper López
b Zipi y Zape
c Pepe Gotera y Otilio
d Benito Boniato
e El botones Sacarino
f Mortadelo y Filemón

¿Y tú cuál prefieres? ¿Qué cómics son famosos en tu país? ¿Qué cómics son los favoritos de la clase? Habla con tus compañeros.

11 **Dibuja un cómic/tebeo con el texto en español. Trabaja con tus compañeros/as.**

Aventura Semanal – ¿Sabes?

Los cómics en España se llaman tradicionalmente tebeos porque la primera publicación de este tipo se llamó TBO. Ahora se llama tebeo a la historieta que es para chicos y chicas más jóvenes y se llama cómic a la historieta para adultos.

En los años cuarenta y cincuenta los cómics o tebeos tienen personajes de guerra, héroes, guerreros, los más populares de este tipo son El Capitán Trueno o El guerrero del antifaz. El TBO es muy popular especialmente desde 1941 con historietas cómicas. Hoy son tan populares como entonces.

¡Ya sabes!

Las revistas de ecología, moda, deportes, ciencia y tecnología. Una revista juvenil.

A mí me gusta**n** las revistas del corazón. ¿Qué tipo de revistas lees?

Vocabulario: una revista, un cómic, un tebeo, un periódico, un libro, un cuento.

LECCIÓN

15 Los planes

OBJETIVOS

- *Hablar de los planes para el tiempo libre.*
- *Explicar lo que prefieres hacer.*
- *Hacer sugerencias.*

A ¿Vamos al cine?

1 Escucha las cuatro conversaciones entre Juan y Luis y ordena los dibujos.

a

b

c

d

2 Practica los diálogos de Actividad 1 con tu compañero/a.

3 Juan, Tessa y Luis hablan de lo que van a hacer. Escucha la conversación y completa las frases:

1 Luis _____________.
2 Tessa _____________.
3 No pueden jugar con _____________.
4 Juan prefiere _____________.
5 Los padres de Luis _____________.
6 Todos deciden _____________.
7 Van a casa de Luis _____________.

a no tiene dinero
b el ordenador
c a las siete
d van a salir
e quiere ir al cine
f ver la televisión
g alquilar un vídeo

4 **En grupos de tres, practica la conversación y otras conversaciones similares.**

SOS Gramática SOS

Hacer sugerencias: Vamos al cine. ¿Por qué no vamos al cine?

Responder a las sugerencias: bueno, de acuerdo, estupendo,
No quiero, no puedo, prefiero (ir a) ...,
¿Por qué no (vamos a)...?
¿Podemos (ir a)...?

162

Pronunciación

Sonido: 'ue'. Escucha cómo se pronuncian las siguientes palabras y después repite.

b**ue**no j**ue**go n**ue**vo p**ue**do

Escucha y repite el sonido 'ue' seguido de 'r'.

ac**uer**do rec**uer**do p**uer**ta f**uer**te

B Prefiero una película cómica

¡Atención!

el argumento = the storyline
maravilloso = fantastic
grave = serious
este/oeste = east/west

5  **Escucha la segunda parte de la conversación. Lee las descripciones de los vídeos e indica qué vídeo eligen.**

EL GUARDIÁN DE LAS PALABRAS
TÍTULO ORIGINAL: The Pagemaster
DIRECCIÓN: Joe Johnston, Maurice Hunt.
INTÉRPRETES: Macaulay Culkin, Christopher Lloyd, Whoopi Goldberg.
ARGUMENTO: Un chico se refugia de una tormenta en una biblioteca vacía. Allí el Guardián de las Palabras le manda a una fantástica aventura de animación en un nuevo y maravilloso universo.

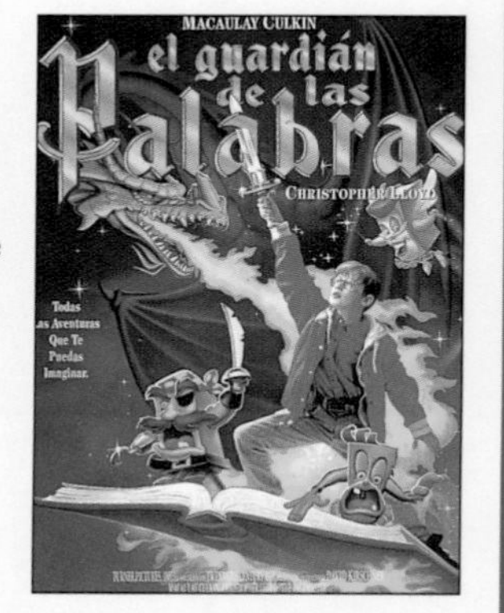

TENSA ESPERA
TÍTULO ORIGINAL: Safe Passage
DIRECCIÓN: Robert Allan Ackerman.
INTÉRPRETES: Susan Sarandon, Sam Shepard, Nick Stahl, Robert Sean Leonard.
ARGUMENTO: Tras veinticinco años de matrimonio y siete hijos, Mag Singer va a comenzar una vida nueva. Pero uno de sus hijos tiene problemas graves y necesita a su mamá.

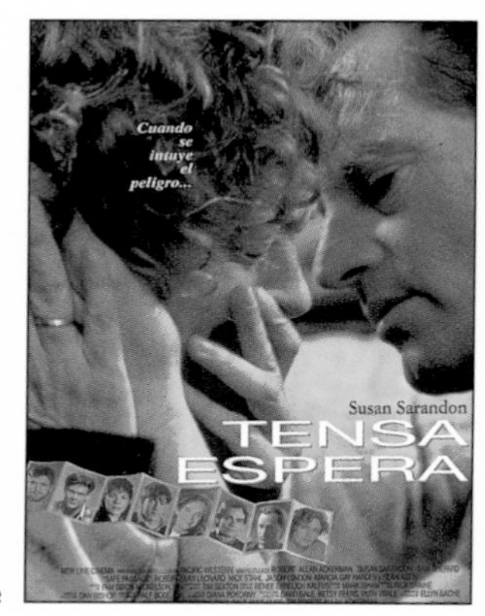

AMOR LOCO
EEUU 1995
TÍTULO ORIGINAL: Mad Love
DIRECCIÓN: Antonia Bird.
INTÉRPRETES: Chris O'Donell, Drew Barrymore, Matthew Lillard, Richard Chaim.
ARGUMENTO: Matt Leland va a entrar en la universidad. Conoce a una chica y se enamoran. Él decide escapar con ella pero pronto descubre que la chica tiene una personalidad destructiva.

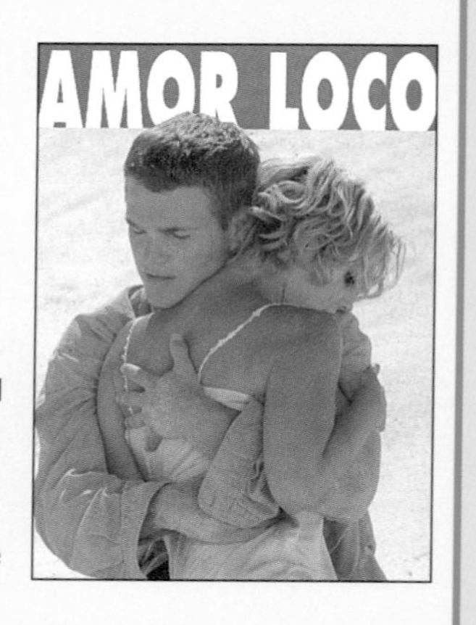

CARAVANA AL ESTE
TÍTULO ORIGINAL: Wagons East
DIRECCIÓN: Peter Markle.
INTÉRPRETES: John Candy, Richard Lewis, John McGinley, Robert Picardo.
ARGUMENTO: Una comedia sobre un grupo de personas que viven en el oeste y deciden que prefieren volver al este. Organizan una caravana pero son capturados por los indios.

6  **¿Qué vídeo es? Escribe el nombre de la película que corresponde a cada frase.**

1 La actriz principal se llama Drew Barrymore.
2 Es una película que tiene dibujos animados.
3 La película tiene dos directores.
4 Es una comedia del oeste.
5 Es una historia de amor.
6 Es un drama de una familia.

7  **Elige una película de las cuatro. ¿Por qué te gusta? Habla con tus compañeros/as.**

C Prefiero ver un vídeo

8 **Lee y escucha las entrevistas con unos chicas y chicas. ¿Prefieren el vídeo, la televisión o el cine?**

1

Tessa: Hay muchas películas en la televisión. Me gusta ver las películas viejas y nuevas. A veces ponen películas que no puedes ver en el cine o en vídeo.

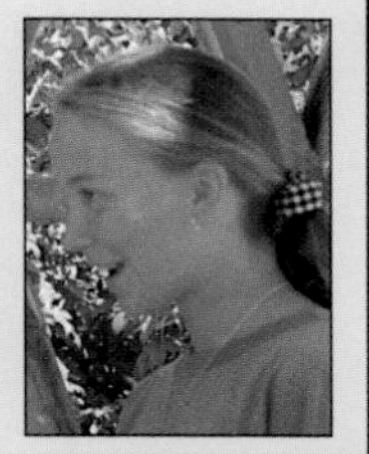

2

Sara: Me gusta ir al cine. Es más emocionante que el vídeo. Es muy especial ir al cine con un grupo de amigos.

3

Jaime: Me gusta más ver un vídeo porque es más barato y podemos estar en casa con un grupo de amigos y cenar, charlar y claro, también ver la película.

4

Carlos: A veces alquilo una película de la tienda de vídeos. Me gusta porque puedo elegir una película cuando quiero verla.

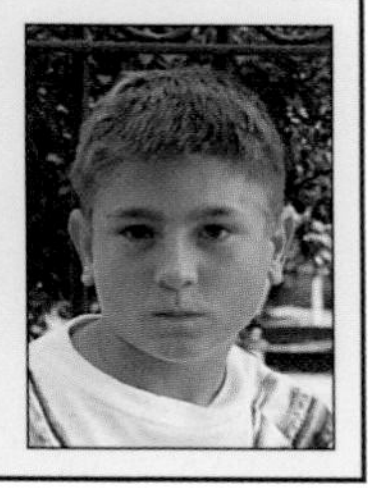

9 **Haz una encuesta con tus compañeros/as.**
Pregunta:

¿Prefieres el vídeo, la televisión o el cine?
¿Prefieres ver las películas en la televisión o en el cine?
¿Por qué?
¿Ves las películas en vídeo? ¿Por qué? ¿Por qué no?

¡Atención!

elegir = to choose
puedo elegir = I can choose
charlar = to chat
barato = cheap
más barato = cheaper

10 **Preparad en grupo una revista de cine. Elegid varias películas que conocéis. Escribid las descripciones, buscad fotos o haced dibujos para cada una. Si queréis, inventad películas.**

Aventura Semanal – ¿Sabes?

La primera película española la hizo Eduardo Jimeno Correas en Zaragoza en 1896 y se titula 'La salida de la misa de 12 de la iglesia del Pilar de Zaragoza'. En 1996 el cine español celebró pues su 100 cumpleaños. Un español, de Teruel, llamado Segundo Chomón fue el primer director en el mundo que hizo las primeras secuencias de dibujos animados en su película 'El hotel eléctrico' (1905).

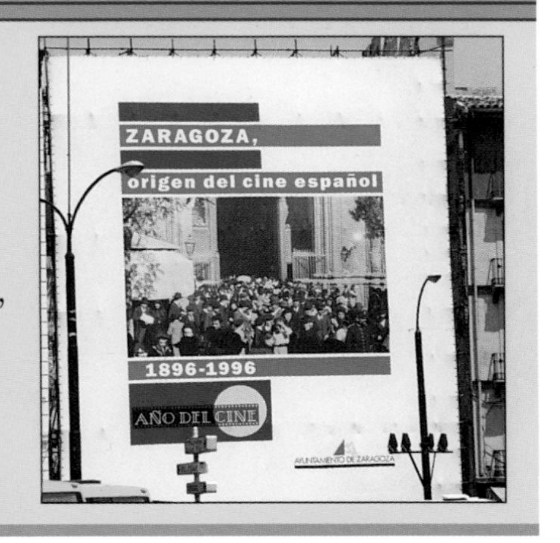

¡Ya sabes!

¿Vamos al cine?
¿Por qué no vamos al cine?
Bueno, de acuerdo,
¡Estupendo!
No quiero. No puedo.
Prefiero ver un vídeo.
Podemos ver la tele.
A María le gusta la televisión.

En serio ...

Autoevaluación

1 Escribe siete instrumentos.
(7 puntos)

2 ¿Qué tipo de música te gusta? ¿Qué tipo de música no te gusta? Escribe cuatro frases:
(8 puntos)
Ejemplo: Me gusta la música 'heavy'.

3 Escribe 6 tipos de programa de la televisión.
(12 puntos)

4 Describe estos programas.
Ejemplo Los programas de noticias son interesantes.
(8 puntos)

5 Escribe 6 palabras que son partes de un ordenador o computadora.
(12 puntos)

6 Escribe 5 frases con: pequeño/a, caro/a, barato/a, mejor, peor.
(15 puntos)
Ejemplo La bicicleta más grande es la roja.

7 Escribe 7 nombres de varios tipos de revistas. Ejemplo: revistas del corazón.
(14 puntos).

8 Escribe 4 frases sobre las cosas que te gusta leer y que no te gusta leer.
(12 puntos)
Ejemplo Me gustan los libros de aventuras.

9 Sugiere 3 cosas a tus amigos que podéis hacer esta tarde: (usa tres expresiones diferentes).
(6 puntos)

10 Escribe la conversación.
(6 puntos)

Total = /100

... y en broma

1 Quino es uno de los más grandes dibujantes humoristas de cómics o historietas en lengua española. Es argentino. Uno de sus personajes más famoso es Mafalda, acompañada de su familia y de sus amigos.

Éstos son los personajes de Mafalda:

2 Lee ahora dos historietas de Mafalda.

de verdad

3 Lee el artículo sobre Quino y Mafalda y contesta las preguntas.

Quino es el nombre artístico de Joaquín Lavado, uno de los dibujantes humoristas más importantes en lengua española. Quino es argentino, de Mendoza, y tiene sesenta años. Vive en Buenos Aires. Quino empieza a dibujar a Mafalda en los años sesenta.
Quino dibuja a Mafalda al principio para un anuncio de electrodomésticos: lavadoras y frigoríficos.
Mafalda es una niña fea e inteligente que critica la sociedad en la que vive, la sociedad adulta. Hace preguntas a los adultos que éstos no pueden responder.
Los personajes de las historietas de Mafalda están inspirados en personas que Quino conoce: Guille es su sobrino y Manolito un amigo.
Mafalda se publica en muchos idiomas y países: Alemania, Portugal, España, Francia, Japón, Grecia, Inglaterra, etc.
Quino crea primero a Mafalda y a sus padres, después a Susanita y después a todos los demás. Siempre en blanco y negro.
Quino hace también muchos otros dibujos y los publica en varios periódicos y revistas de todo el mundo.

1 ¿Quién es Joaquín Lavado?
2 ¿De dónde es?
3 ¿Cuántos años tiene?
4 ¿Dónde vive?
5 ¿Cuándo dibuja Mafalda por primera vez?
6 ¿Por qué?
7 ¿Cómo es Mafalda?
8 ¿En quién se inspira Quino para crear sus personajes?
9 ¿Qué personajes son los primeros de la serie?

4 Lee esta adivinanza y busca la solución con los números.

5 Lee y completa este cuestionario de la revista musical *Bravo*. Después compara las respuestas con tus compañeros y preparad listas de cantantes, actores, etc. favoritos.
Si contestas al cuestionario, ¿qué regalo te dan?

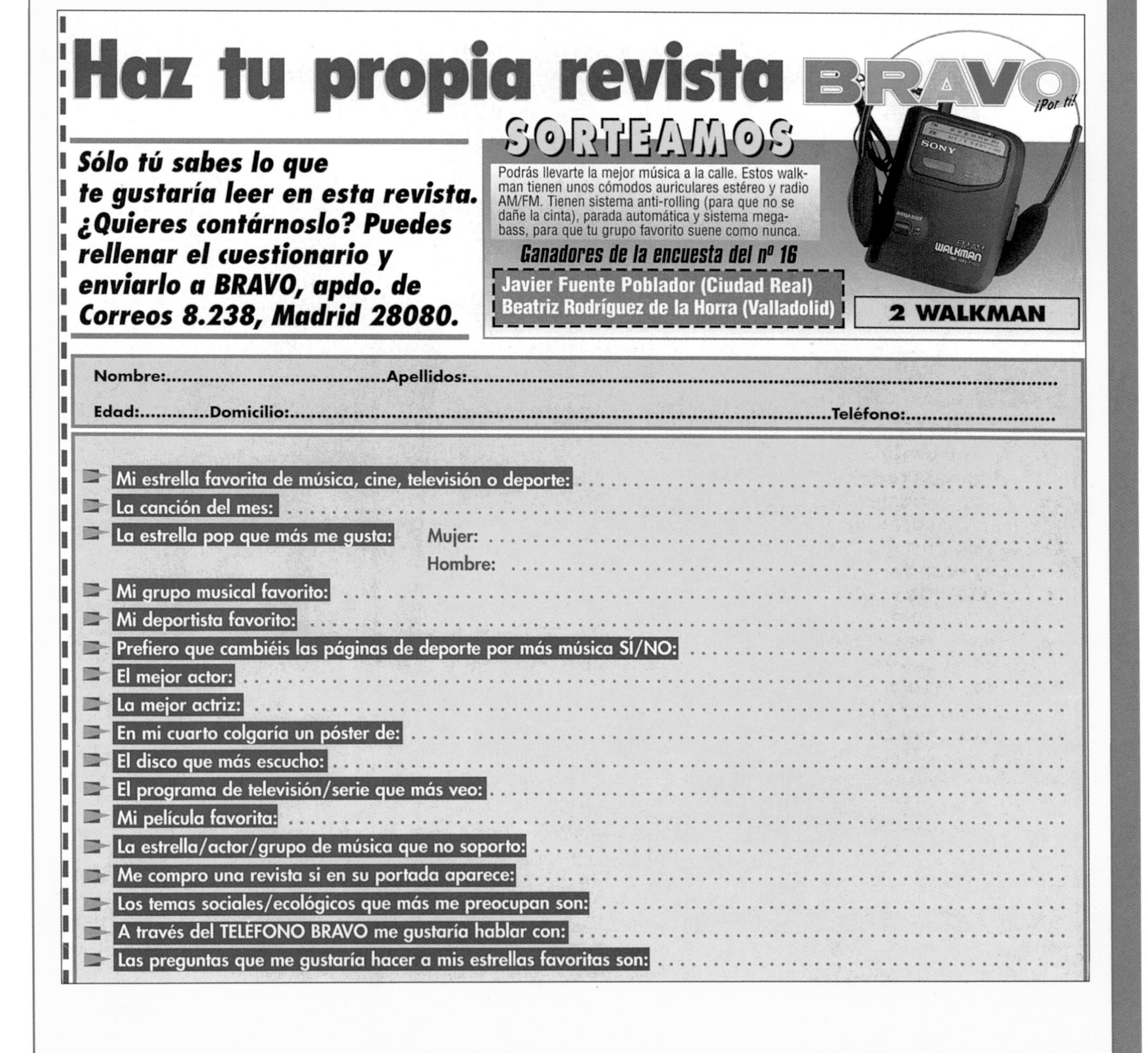

Haz tu propia revista BRAVO

¡Por ti!

SORTEAMOS

Sólo tú sabes lo que te gustaría leer en esta revista. ¿Quieres contárnoslo? Puedes rellenar el cuestionario y enviarlo a BRAVO, apdo. de Correos 8.238, Madrid 28080.

Podrás llevarte la mejor música a la calle. Estos walkman tienen unos cómodos auriculares estéreo y radio AM/FM. Tienen sistema anti-rolling (para que no se dañe la cinta), parada automática y sistema mega-bass, para que tu grupo favorito suene como nunca.

Ganadores de la encuesta del nº 16

Javier Fuente Poblador (Ciudad Real)
Beatriz Rodríguez de la Horra (Valladolid)

2 WALKMAN

Nombre:............ Apellidos:............
Edad:............ Domicilio:............ Teléfono:............

- Mi estrella favorita de música, cine, televisión o deporte: ....
- La canción del mes: ....
- La estrella pop que más me gusta: Mujer: .... Hombre: ....
- Mi grupo musical favorito: ....
- Mi deportista favorito: ....
- Prefiero que cambiéis las páginas de deporte por más música SÍ/NO: ....
- El mejor actor: ....
- La mejor actriz: ....
- En mi cuarto colgaría un póster de: ....
- El disco que más escucho: ....
- El programa de televisión/serie que más veo: ....
- Mi película favorita: ....
- La estrella/actor/grupo de música que no soporto: ....
- Me compro una revista si en su portada aparece: ....
- Los temas sociales/ecológicos que más me preocupan son: ....
- A través del TELÉFONO BRAVO me gustaría hablar con: ....
- Las preguntas que me gustaría hacer a mis estrellas favoritas son: ....

LECCIÓN 16

¿Vamos en autobús?

OBJETIVOS

- ***Hablar de los medios de transporte.***
- ***Decir cómo vas al instituto y cuánto tiempo tardas.***

A ¿Cómo vas al instituto?

Voy al instituto ...

1 **Une los dibujos con las frases.**

a en autobús
b en coche
c en metro
d a pie
e en bicicleta
f en tren
g en patines
h en moto

1 2 3 4 5 6 7 8

Escucha y comprueba.

2 **Escucha a estos chicos y chicas. ¿Cómo van al instituto?**

1 Alicia

2 Goreti

3 Jaime

4 Marta

5 Tessa

3 **¿Y tú y tus amigos? Cómo vais al instituto? Haz una encuesta en la clase. ¿Cuál es el medio de transporte más popular?**

Escribe frases.

Ejemplo Yo voy al instituto a pie.
En mi clase cuatro estudiantes van al instituto en autobús.

Pronunciación

Las palabras que terminan en 's' y tienen la intensidad en la última sílaba, llevan acento y se pronuncian así: autobús; Jesús

(yo) tard**o** = it takes me
(tú) tard**as** = it takes you
(él/ella) tard**a** = it takes him/her

¿Cuánto tiempo **tardas en** llegar?
Tardo cinco minutos.
¿Cuánto **tarda** (el autobús)?

Preposiciones
en tren, **en** autobús, **a** pie
desde mi casa **hasta** el instituto

B ¿Cuánto tarda el autobús?

4  **Escucha y practica.**

1 ¿A qué hora sale el autobús de la estación de autobuses?

El autobús sale a las tres.

2 ¿Cuánto tiempo tarda el autobús en ir desde la estación de autobuses hasta la estación de trenes?

El autobús tarda dos horas.

3 ¿A qué hora llega el autobús a la estación de trenes?

El autobús llega a las cinco.

5  **Lee el horario de autobuses y contesta las preguntas.**

1 ¿A qué hora sale el autobús número 1 de la calle Reina Sofía?
2 ¿A qué hora llega el autobús número 2 a la Plaza de España?
3 ¿Cuánto tiempo tarda el autobús desde la Plaza de España hasta la estación de El Portillo?
4 ¿A qué hora sale el autobús número 3 de la calle Zurita?
5 ¿Cuánto tarda el autobús número 2 desde la avenida Las Torres hasta la avenida San José?

Línea 40. Torrero - Estación El Portillo
Horario laborables: de lunes a viernes

Paradas	1	2	3
Garaje Torrero	0800	0815	0830
Calle Zurita	0805	0820	0835
Plaza Roma	0810	0825	0840
Avenida Las Torres	0816	0831	0846
Calle Reina Sofía	0822	0837	0852
Plaza de España	0830	0845	0900
Calle Coso	0835	0850	0905
Avenida San José	0842	0857	0912
Estación de trenes El Portillo	0850	0905	0920

6 **Prepara más preguntas y haz diálogos con tu compañero/a. Usa las siguientes preguntas:**

¿Cuánto tiempo tarda? ¿A qué hora sale? ¿A qué hora llega?

Ejemplo Estudiante A: ¿Cuánto tiempo tarda el autobús desde avenida Las Torres a la calle Coso?
Estudiante B: Tarda diecinueve minutos.
Estudiante A: ¿A qué hora sale el autobús número 1 de la avenida Las Torres?
Estudiante B: A las ocho y dieciséis.

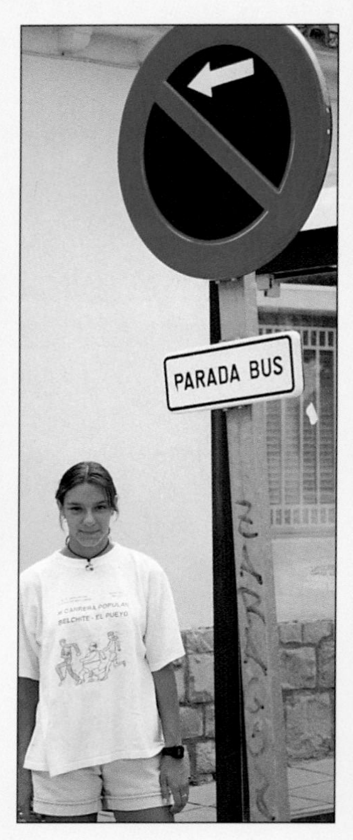

7 **Sara dice cómo va al instituto. Escucha y contesta las preguntas.**

1 ¿Cuánto tiempo tarda en ir a la parada del autobús?
2 ¿A qué hora sale de casa si su madre la lleva en coche al instituto?
3 ¿A qué hora sale si va en autobús?
4 ¿A qué hora empiezan las clases?
5 ¿Cuánto tiempo tarda en llegar al instituto ...
... si va en autobús?
... si va en coche?

8 **Pregunta a tus compañeros/as:**

¿A qué hora sales de casa para ir al instituto?
¿A qué hora llegas al instituto?
¿Cómo vas al instituto?
¿A qué hora vuelves?
¿Cuánto tiempo tardas? etc.

C Un autobús especial

9 **Lee la carta de Jaime y elige las respuestas correctas.**

1 Jaime va al instituto ...
a en su pueblo
b en un pueblo más grande
c en una ciudad

2 Jaime va al instituto ...
a en tren
b en coche
c en autobús

3 El autobús tarda más de ... en llegar al instituto
a una hora
b una hora y media
c dos horas

4 Jaime va con chicos y chicas ...
a de su pueblo
b de otros pueblos
c del pueblo de Fuentes

5 El billete ...
a es gratis
b es barato
c es caro

Hola, ¿qué tal?
Me preguntas cómo voy al instituto todos los días. En mi pueblo no hay instituto porque es muy pequeño. Voy a un instituto que está en un pueblo más grande que se llama Fuentes y que está a treinta kilómetros de mi pueblo. Todos los días voy en un autobús especial para los chicos y chicas de todos los pueblos de la zona. Me levanto muy pronto porque tomo el autobús a las siete y media. Llego al instituto a las ocho y media o nueve menos cuarto. El autobús para en varios pueblos y tarda más de una hora, según el tráfico que hay. Por la tarde salimos a las cinco y vuelvo a casa a las seis o seis y media. Es un poco pesado pero es cómodo y es gratis. No tengo que comprar billete. ¿Y tú? ¿Cómo vas al instituto? ¿Cuánto tiempo tardas? ¿A qué hora empiezas las clases?
Un abrazo de tu amigo,
Jaime

¡Atención!

según = depending on
gratis = free
cómodo = comfortable

10 **Escribe una carta a Jaime y contesta sus preguntas.**

Aventura Semanal

Voy al instituto

Voy al instituto
en el autobús
voy al instituto
en el autobús
y tardo veinte minutos
en llegar al instituto
y tardo veinte minutos
en llegar al instituto.

La canción

¡Ya sabes!

Voy ... en autobús, en tren, en coche, a pie.
desde mi casa, hasta el instituto.
¿Cuánto tiempo tardas en ir/llegar al instituto?
Tardo media hora en ir/llegar/venir al instituto.
¿A qué hora llega/sale/vuelve?

LECCIÓN 17

Vamos a la fiesta de cumpleaños

OBJETIVOS

- *Hablar de cómo celebrarás tu cumpleaños.*
- *Invitar a tu amigo/a a tu fiesta de cumpleaños.*
- *Aceptar o rechazar una invitación.*

A ¿Cómo celebras tu cumpleaños?

1 Escucha. Une a los chicos y las chicas con las actividades.

Leticia

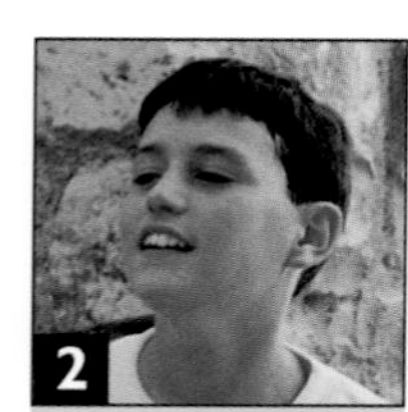

Jaime

Tatiana

Omar

Adrexis

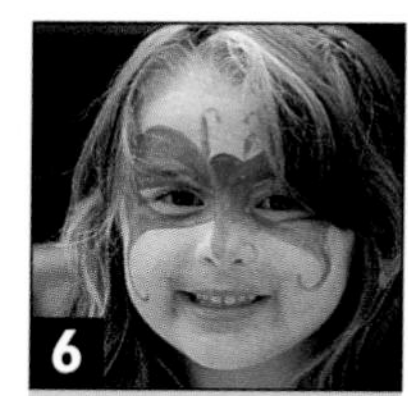

Isabel

Pronunciación

Los verbos en el futuro (singular) en las personas: yo, tú, él/ella/usted y la tercera persona plural tienen el acento en la última letra o sílaba.
Escucha y repite.
jugaré, nadaré, irás, escuchará, verán.

2 **Escucha, lee y repite. El domingo próximo es mi cumpleaños y ...**

El futuro

nadar = (yo) nadar**é**, (tú) nadar**ás**, (él/ella) nadar**á**
jugar = (yo) jugar**é**, (tú) jugar**ás**, (él/ella) jugar**á**
hacer = **haré**, **harás**, **hará** (es irregular)

3 **¿Y tú? Qué harás para tu cumpleaños? Pregunta a tus compañeros/as. ¿Qué actividad es la más popular?**

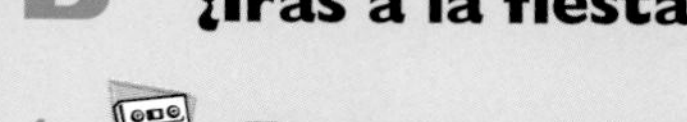

B ¿Irás a la fiesta?

4 **Escucha a Jaime y a Tessa que hablan del cumpleaños de Tatiana. Completa las frases.**

1 La fiesta de Tatiana será el ___________.
2 La fiesta empezará a ___________.
3 Terminará a __________.
4 Antes de la fiesta será la ___________ a las __________.
5 Jaime irá a la fiesta en ___________.
6 Tessa irá a la fiesta en ___________.
7 Jaime volverá a casa en ___________.
8 Tessa volverá a casa en ___________.

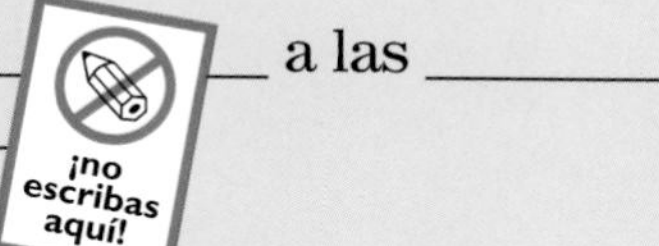

5 **Lee la invitación a la fiesta. La información es diferente de la que tienen Jaime y Tessa. ¿Qué diferencias hay?**

Te invito a mi fiesta de cumpleaños:
Fecha: *Sábado 15 de mayo*
Lugar: *Calle Laredo número 16*
Hora: *de 8 de la tarde a 12 de la noche*
Mensaje: *La merienda será a las seis de la tarde en la Pizzería Italia y la fiesta será en mi casa desde las ocho hasta las doce.*
Te espero, Tatiana.

6 **Completa la nota de Tatiana sobre su fiesta. Usa los verbos: empezar, ser, terminar.**

Escucha y comprueba.

Querido amigo:
Mi fiesta ______ el sábado, día quince de mayo.
______ a las ocho de la tarde y ______ a las doce.
La merienda ______ antes de la fiesta, a las seis en la Pizzería Italia. Te espero.
Tatiana

C No puedo ir

7 **Lee estas invitaciones. Los chicos y las chicas no pueden ir a la fiesta ¿Por qué no? Une a los chicos con las fiestas.**

¡Atención!

¡No olvides los patines! = Don't forget your skates!
¡No olvides el cepillo de dientes! = Don't forget your toothbrush!
además = besides

8 **Completa una encuesta para una revista y pregunta a tus compañeros/as, por ejemplo:**

¿Cuánto duran tus fiestas?
¿Cuánto duran las fiestas de tus amigos?
¿A qué hora empiezan?
¿A qué hora terminan?
¿Qué ropa llevas?
¿Qué haces en las fiestas?
¿Cómo vuelves a casa?
¿Puedes ir solo/a?
¿A qué hora vuelves a casa ... normalmente/en ocasiones especiales?

9 **Escribe una carta a un/a amigo/a. Contesta las preguntas de Actividad 8.**

10 (P) **Diseña, dibuja y escribe una invitación para tu fiesta.**

Aventura Semanal – ¿Sabes?

En España, cuando es tu cumpleaños, tus amigos y tu familia te dan tirones de orejas. Si cumples 13 años son trece tirones de orejas. En México en las fiestas los chicos y chicas organizan "piñatas". Las piñatas son figuras y muñecos de barro pintadas de colores y dentro se ponen dulces y caramelos. Se cuelgan y los chicos y chicas golpean la piñata hasta que se rompe y caen los caramelos. Todos los recogen y se los comen. En Colombia, en algunos pueblos se rompen huevos en la cabeza del chico o la chica que celebra su cumpleaños.

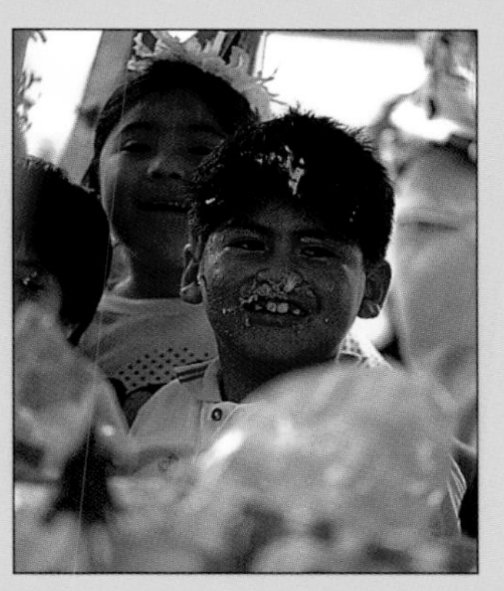

¡Ya sabes!

El futuro

Daré una fiesta. **Veré** vídeos y **comeré.**
Iré al restaurante. **Celebraré** mi cumpleaños en la discoteca.
¿Qué **harás**?
¿Cómo **irás**? **Iré** en coche.

LECCIÓN 18

¡Una fiesta sorpresa!

OBJETIVOS

- *Decidir qué regalo comprarás para un/a amigo/a.*
- *Cómo planear una fiesta de cumpleaños.*

A ¿Qué comprarás?

1 **Mira los regalos para el cumpleaños de Tatiana.**

¿Quién comprará qué regalo? Adivina.

Escucha y comprueba.

2 **Practica con tu compañero/a. Usa los dibujos.**

Ejemplo Estudiante A: ¿Qué comprarás?
Estudiante B: Compraré un pañuelo.

Haz una lista de otros regalos. Practica más diálogos.

3 **Escribe frases.**

Ejemplo Rodrigo comprará un bolígrafo.

4 **Lee la carta de Tatiana a su amiga. Contesta las preguntas y después completa el cuadro.**

1 ¿Cuándo es su cumpleaños?
2 ¿Quiénes iran a la fiesta?
3 ¿Qué preparará para la fiesta?

¡Hola!
El domingo es mi cumpleaños. Invitaré a mis primos y a mis amigos. Prepararé una merienda con pizzas, bocadillos, y refrescos y un pastel. En la fiesta bailaré mucho con mis amigos. ¡Lo pasaré muy bien! Recibiré muchos regalos. Quiero una bicicleta. Mis padres me regalarán una bicicleta. También quiero un reloj, una camiseta, un jersey, una calculadora, un perfume, una bolsa nueva y muchos otros regalos.
Tatiana

¡Atención!

¡lo pasaré muy bien! = I'll have a really good time!
mis padres me regalarán = my parents will give me

regalos que quiere	
regalos que recibirá	
regalos que no recibirá	

¡no escribas aquí!

5 **Escribe una carta similar a un/a amigo/a sobre tu cumpleaños.**

B Una fiesta sorpresa

6 **Escucha a los amigos que preparan una fiesta de cumpleaños sorpresa para su amiga Magda.**

¿Qué hará cada uno? Une los dibujos con lo que dice cada uno.

7 **Ahora une las dos partes y escribe las frases:**

Ejemplo Dibujaré una postal de cumpleaños.

Compraré	el salón.
Prepararé	las pizzas.
Dibujaré	los platos y los vasos.
Compraré	el pastel de cumpleaños.
Organizaré	las bebidas.
Traeré	una postal de cumpleaños.
Traeré	las invitaciones.
Decoraré	los globos.
Escribiré	los juegos.
Compraré	mi estéreo y los cassettes.

C ¿Qué celebramos?

8  **Jaime escribe una carta a su amigo sobre las fiestas españolas. Marca en el calendario las fechas en que se celebran.**

Querido amigo:
En España celebramos muchas fiestas. Celebramos la fiesta de Navidad el día 25 de diciembre y la fiesta de Año Nuevo el 1 de enero. La noche del 24 de diciembre es muy importante y tenemos una cena familiar y mucha gente va a la iglesia. Se llama la Noche Buena. La noche del 31 de diciembre es la Noche Vieja y comemos doce uvas cuando dan las 12 campanadas. El seis de enero celebramos la fiesta de los Reyes Magos, que traen regalos para los niños. También celebramos San Valentín que es el día de los Enamorados. ¡Es muy romántico! Es el día 14 de febrero. El día 19 de marzo es el día del Padre. El día de la Madre es el primer domingo de mayo. También celebramos el cumpleaños y a veces el Santo. Con el Santo se celebra el nombre que tienes. Por ejemplo San Jaime es el día 25 de julio. A veces también celebramos fiestas cuando aprobamos los exámenes, para las bodas, etc. ¿Y tú? ¿Hay muchas fiestas en tu país?

Hasta pronto
Jaime

DICIEMBRE

L	M	M	J	V	S	D
1	2	3	4	5	6	7
8	9	10	11	12	13	14
15	16	17	18	19	20	21
22	23	24	25	26	27	28
29	30	31				

ENERO

L	M	M	J	V	S	D
		1	2	3	4	5
6	7	8	9	10	11	12
13	14	15	16	17	18	19
20	21	22	23	24	25	26
27	28	29	30	31		

FEBRERO

L	M	M	J	V	S	D
					1	2
3	4	5	6	7	8	9
10	11	12	13	14	15	16
17	18	19	20	21	22	23
24	25	26	27	28		

MARZO

L	M	M	J	V	S	D
					1	2
3	4	5	6	7	8	9
10	11	12	13	14	15	16
17	18	19	20	21	22	23
24	25	26	27	28	29	30

MAYO

L	M	M	J	V	S	D
			1	2	3	4
5	6	7	8	9	10	11
12	13	14	15	16	17	18
19	20	21	22	23	24	25
26	27	28	29	30	31	

JULIO

L	M	M	J	V	S	D
	1	2	3	4	5	6
7	8	9	10	11	12	13
14	15	16	17	18	19	20
21	22	23	24	25	26	27
28	29	30	31			

9 **Mira las postales y di a qué fiesta corresponde cada una.**

1

2

3

Lee los mensajes y di a qué postales corresponden.

a ¡FELIZ CUMPLEAÑOS!

b ¡Feliz Día de tu Santo!

c ¡Feliz Navidad!

10 **Dibuja postales para varias fiestas y escribe la felicitación. Manda las postales a tus amigos. En grupo, organizad una fiesta.**

Aventura Semanal – ¿Sabes?

Lee más postales para otras ocasiones. ¿Para qué son? Une el mensaje con la postal.

1

2

3
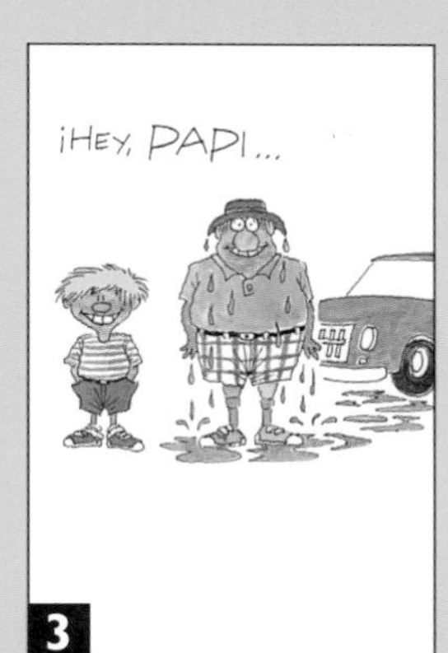

a
¡...Me Encantas!
¡ZONG!
¡Muchas felicidades en tu día!

b
Y te deseamos lo mejor en este día tan especial.
¡Felicidades!

c
... GRACIAS POR TODAS LAS VECES QUE ME DEJAS AYUDARTE A LAVAR EL COCHE!
¡FELIZ DÍA DEL PADRE!

¡Ya sabes!

¿Qué comprar**ás**? Comprar**é** un pañuelo.
Invitar**é** a mis amigos, bailar**é**, recibir**é** muchos regalos.
Organizar**é** la fiesta, traer**é** mi estereo, preparar**é** los sandwiches.
¿Quiénes ir**án** a la fiesta?

LECCIÓN 19 En la fiesta

OBJETIVOS

- ***Expresar sensaciones de calor, frío, sed, hambre, miedo.***
- ***Invitar a tu amigo/a a comer, a bailar, a salir, etc.***
- ***Aceptar y rechazar una invitación y dar excusas.***

A ¡Tengo sed!

1 Escucha a estos chicos y chicas. Une los dibujos con las frases. Repite.

1 Tengo sed

2 Tengo calor

3 Tengo hambre

4 Tengo frío

5 Tengo miedo

a

b

c

d

e

2 ¿Tienes hambre? Habla con tu compañero/a.

Ejemplo Estudiante A ¿Tienes hambre?
Estudiante B: Sí, tengo hambre.

Continúa:

1

2

3

4

5

Escucha y comprueba.

3 **Representa con gestos acciones para tus compañeros/as, por ejemplo beber agua. Ellos te preguntan ¿Tienes sed? Tú contestas: Sí, tengo sed.**

B ¿Quieres beber algo?

4 **La fiesta de los vampiros. Escucha las invitaciones e indica los dibujos que corresponden.**

5 **Lee y elige la respuesta adecuada a cada invitación de la actividad 4.**

1 Sí, gracias, tengo mucha sed.
2 Sí, por favor, tengo mucho calor.
3 No, tengo mucho miedo.
4 Sí, por favor, tengo mucho frío.
5 No, gracias, no tengo hambre.
6 No, no tengo ganas.

Escucha los diálogos completos y comprueba.

6 **Ahora tú estás en la fiesta. Practica las conversaciones con tu compañero/a.**

tener + nombre
Tengo hambre/sed.
Tengo frío/calor.

¡Atención!

Tengo ganas (de bailar) = I feel like dancing.
No tengo ganas = I don't feel like it.

C No tengo ganas

7 **Te invitan a una fiesta o al cine o a ver un vídeo. No puedes o no quieres ir. ¿Por qué no? Lee las explicaciones o excusas:**

No quiero.
No tengo ganas.
Tengo hambre, tengo miedo,
tengo sed, tengo frío, tengo calor.
Estoy enfermo, cansado, resfriado, aburrido.

Pronunciación

Escucha la **d** en estas palabras. Observa cómo se pronuncia la **d** al final de una palabra.

ciuda**d**, se**d**, Madri**d**

Escucha otra vez y repite.

Ahora di estas palabras.
activida**d**, re**d**, escribi**d**.
Escucha y comprueba.

8 **Habla con tus compañeros/as. Invítalos a hacer varias actividades. Tus compañeros/as te dan una excusa. ¿Qué excusa es la más común?**

Ejemplo Estudiante A: ¿Quieres ver una película de terror?
Estudiante B: No, tengo miedo.

9 **Estudia las dos historias. Escucha la conversación. ¿A qué historia corresponde?**

a

b

Ahora escucha la otra conversación.

10 **Usa los dibujos y haz los diálogos con tu compañero/a. Después escribe los diálogos para las dos historias.**

11 **Rosaura Campos es una estrella de la televisión mexicana. Lee la entrevista de una revista y contesta Verdad o Mentira. Si indicas Mentira, da una explicación.**

A: **Rosaura. ¿Qué más llama tu atención aparte del trabajo?**
Rosaura: Mi familia, mi novio, mis amigos. Me encanta, mi casa, me gustan las fiestas y la gente, pero ahora tengo ganas de estar tranquila.
A: **¿Te gusta ir al cine?**
Rosaura: Me encanta. Me gustan mucho las historias de amor pero no me gustan las historias de terror o de ciencia ficción. Tengo miedo y no puedo dormir por la noche.
A: **¿Y en tu clóset, ¿qué hay?**
Rosaura: Muchos jeans, me encantan. Cuando compro ropa, es casi todo casual.
A: **¿Tienes ropa que te gusta y no te pones?**
Rosaura: Sí, muchas cosas. Veo algo, lo compro, ¡y después no lo llevo!
A: **¿Por qué?**
Rosaura: Porque tengo miedo. Soy muy insegura. Yo creo que muchos de los actores tenemos una inseguridad.
A: **¿Y tu dieta?**
Rosaura: Como mucha fruta y verdura porque siempre tengo hambre, pero no hago una dieta especial.
A: **¿Qué bebes?**
Rosaura: Siempre agua. Es lo mejor cuando tienes sed. No tomo café ni refrescos.
A: **¿Hay algo que no te gusta de la carrera artística?**
Rosaura: La carrera artística es hermosa, muy divertida, pero no me gusta nada ser famosa. Tengo ganas de vivir tranquila.
A: **¿Te gusta vivir en México?**
Rosaura: Sí, me encanta, pero me gusta viajar y visitar otros países, pero de clima cálido, porque siempre tengo frío, aun en verano.

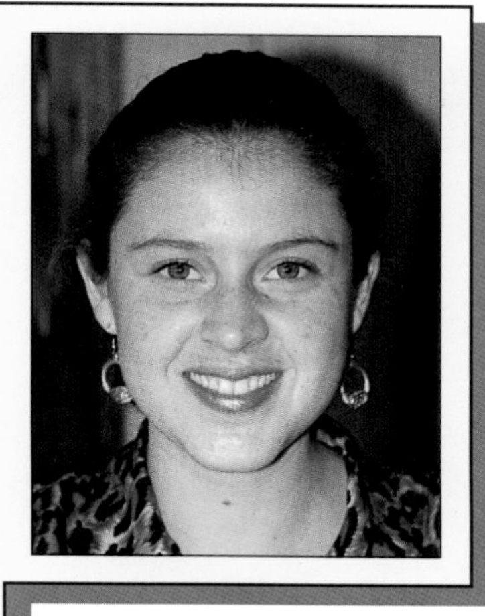

1 A Rosaura le gusta estar en su casa.
2 No le gustan las fiestas.
3 Le encanta la ciencia ficción.
4 Tiene mucha ropa para ocasiones especiales.
5 Lleva toda la ropa que tiene.
6 Tiene miedo de comprar ropa.
7 No hace una dieta especial.
8 No bebe agua, sólo refrescos.
9 Le encanta ser famosa.
10 No le gusta el frío.

Aventura Semanal

Invito a mi amigo

Invito a mi amigo
conmigo a salir
mi amigo conmigo
se va a divertir
y entonces le digo

La canción

¡Ya sabes!

¿**Tienes** sed, hambre, frío, calor, miedo? Sí, tengo mucha sed. Tengo mucho miedo.
Tengo sed, hambre, frío, calor, miedo.
¿**Tienes ganas** de bailar? No, **no tengo ganas**.

¿A dónde quieres ir?

O B J E T I V O S

- *Decir qué harás el fin de semana*
- *Planear un fin de semana.*

A En invierno y en verano

1 **Tessa vive en Londres pero pasa el verano en España. ¿Qué diferencias hay entre la ciudad en invierno y un pueblo español en verano? Escucha e indica el dibujo que corresponde a cada frase.**

2 **Lee la carta de Tessa y escribe en dos listas las frases que corresponden a la ciudad y al pueblo.**

¡Hola!
En Londres en el invierno los días son muy cortos y fríos y voy al colegio. En el verano paso seis semanas en el pueblo de mi madre en España. Tengo muchos amigos y amigas en el pueblo. Tenemos bicicletas y vamos por el pueblo y jugamos hasta muy tarde. En Londres voy a las tiendas con mis amigos pero tengo que volver a casa pronto. Los fines de semana tengo muchos deberes y también voy a clases de baile. En el pueblo nos acostamos tarde. Por la mañana dormimos hasta muy tarde, hasta las once o las doce. No vemos mucho la televisión. En el invierno en Londres veo mucho la televisión. Hay muchos programas buenos el sábado por la noche. A veces voy a casa de mis amigos y escuchamos música o vamos al cine. En España siempre comemos a mediodía con toda la familia. Dicen que es diferente en España también en el invierno cuando hay que ir al instituto y estudiar, pero no voy mucho a España en el invierno.
Tu amiga,
Tessa

La ciudad

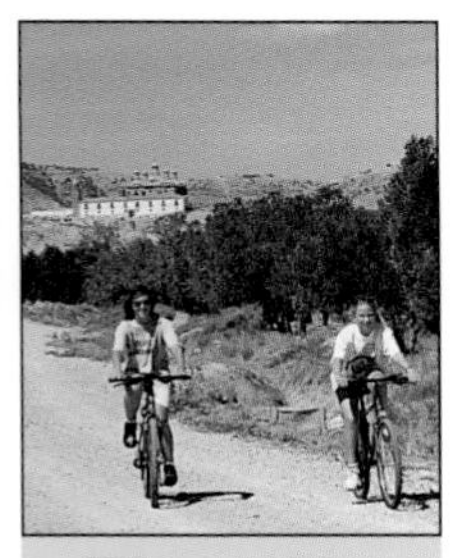

El pueblo

3 **Escribe una carta a Tessa sobre tus fines de semana.**
¿Qué hace la gente en el invierno y en el verano en tu ciudad o pueblo?
¿Qué hacen los jóvenes? ¿Qué haces tú?

B Programa de visitas

4 **Tessa tiene una amiga española. Vendrá con su familia a visitarla. A todos les gusta la música y quieren visitar a Londres para escuchar diferentes clases de música.**

Lee y escucha.

Papá

Abuela

Me gusta mucho la ópera. Quiero ir a un teatro famoso de ópera de Londres.

María

Quiero ver a mi grupo de pop favorito. Son muy populares. Tocarán en un estadio grande con mucha gente.

Guillermo

Vamos a bailar. ¿Hay un club con música de baile para jóvenes?

Abuelo

Sé que hay buenos clubs de jazz en esta ciudad. El jazz es mi música favorita.

Mamá

Me encanta Beethoven y otra música clásica. ¿Dónde puedo escuchar buena música durante mi visita?

Ahora lee el comentario que prepara Tessa sobre los sitios adonde pueden ir. Lee las descripiones de estos sitios e indica a dónde irá cada miembro de la familia.

A VORTEX
Abierto todas las noches de la semana, con música, comida y bebida. Para pasar una noche fantástica. Rock y pop los miércoles. Jazz los domingos.

B WEMBLEY ARENA
Una sala enorme con gran capacidad utilizada por los conjuntos más famosos. Pero el sonido no es muy bueno y está lejos del Metro.

C BAR RUMBA
Un club nuevo con sabor latino. En el bar hay mesas y sillas. La pista de baile es grande y el baile empieza a las diez y continúa hasta muy tarde.

D ROYAL OPERA HOUSE, COVENT GARDEN
El famoso teatro de ópera en Londres. Las entradas son muy caras y muchas veces no hay. Hay sitios para comer y beber antes de la obra. El transporte es bueno.

E ROYAL FESTIVAL HALL
La mejor sala de conciertos de Londres. Excelentes facilidades pero el sonido no es muy bueno. Es importante llegar pronto. Si llegas tarde, no puedes entrar.

F THEATRE ROYAL DRURY LANE
Un lugar famoso para el musical. Un teatro grande e impresionante en el centro de Londres para los mejores musicales. El transporte es bueno.

Indica los lugares para cada frase.

1 Hay dos lugares donde el sonido no es bueno.
2 Son buenos para el transporte.
3 Está muy lejos de la estación de metro.
4 Es el lugar más grande.
5 Puedes tomar una bebida y bailar.
6 Puedes cenar y escuchar música.

5 **Trabaja en grupo. Tus compañeros/as son la familia. Entrevístalos. ¿Qué harán el fin de semana?**

6 **Escribe: ¿Que hará la familia?**

Ejemplos El abuelo irá a un club de jazz que se llama Vortex, porque le gusta mucho el jazz. Irá el domingo. Escuchará música y comerá y beberá algo.

7 **Tu amigo/a va a venir a tu ciudad o pueblo a visitarte. Escribe una descripción de uno o dos lugares donde hay música.**

C ¿Qué haremos este fin de semana?

8 **Escucha a Jaime y Carlos. Hacen planes para el fin de semana. Completa la agenda. ¿Qué harán juntos y qué harán solos. Pon una J (Jaime) o una C (Carlos) o J y C (para los dos).**

AGENDA	J	C
1 ir al fútbol		
2 examen de música		
3 ir a una fiesta		
4 jugar al baloncesto		
5 visitar a la abuela		
6 comer		
7 ir al cine		
8 terminar los deberes		

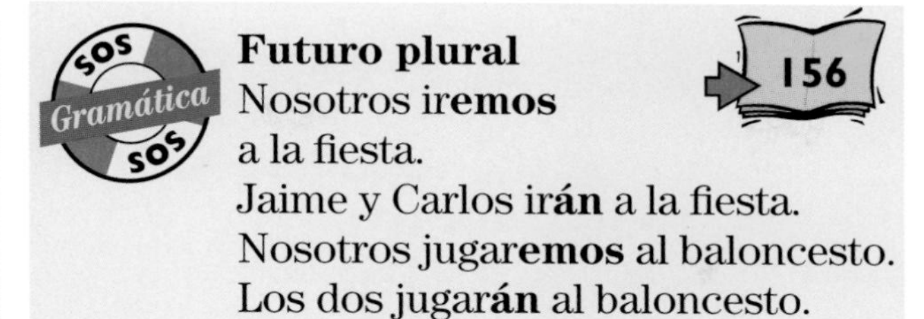

Futuro plural
Nosotros ir**emos** a la fiesta.
Jaime y Carlos ir**án** a la fiesta.
Nosotros jugar**emos** al baloncesto.
Los dos jugar**án** al baloncesto.
Los dos = both.

Escribe frases.

Ejemplos Jaime irá al fútbol. Los dos jugarán al baloncesto ... etc.

9 **¿Y qué haréis tú y tus amigos y/o tu familia?**

10 **Ahora habla con tu compañero/a. Usa el cuadro. Tú eres Jaime y tu compañero/a Carlos.**

Ejemplo Estudiante A: ¿Qué harás el sábado?
Estudiante B: Haré un examen de música.

11 (P) **Planead en grupo un fin de semana para vosotros y vuestros amigos españoles. Incluid una agenda, dibujos, fotos, mapas, anuncios de lugares y actividades interesantes, etc. Comparad los planes con los de otros grupos.**

Aventura Semanal – ¿Sabes?

En España hay muchos lugares en donde puedes escuchar buena música y hay cantantes y grupos muy interesantes. Uno de ellos es un dúo que se llama 'Las Hijas del Sol', formado por Paloma Loribo y Piruchi (Consuelo Apo). Paloma es sobrina de Piruchi y las dos son de Guinea Ecuatorial, de la isla de Bioko, donde también se habla español. Actualmente viven en España y son muy famosas. Su primer disco publicado en España se llama 'Sibeba' y ha tenido un gran éxito. Ahora preparan su segundo disco. Son unas de las cantantes más prestigiosas del folclore africano. Pertenecen a una larga familia de músicos de la etnia bubi y cantan en su idioma bantú, pero hablan también el español perfectamente.

¡Ya sabes!

¿Adónde quieres ir?
Quiero ver un musical. ¿Hay algunos en la ciudad?
Me gusta la opera.
Vamos a bailar.
El jazz es mi música favorita.

En serio ...

Autoevaluación

1 ¿Cómo vas al instituto? Escribe 5 medios de transporte.

(10 puntos)

Ejemplo En autobús

2 ¿Cuánto tiempo tardan los medios de transporte en llegar a tu casa? Escribe 5 frases.

(10 puntos)

3 Haz preguntas.

(10 puntos)

1 ¿A qué hora ...?

2 ¿A qué hora ...?

3 ¿Cómo ...?

4 ¿A qué hora ...?

5 ¿A qué hora ...?

4 ¿Cómo celebrarás tu cumpleaños. Escribe 5 frases en el futuro.

(10 puntos)

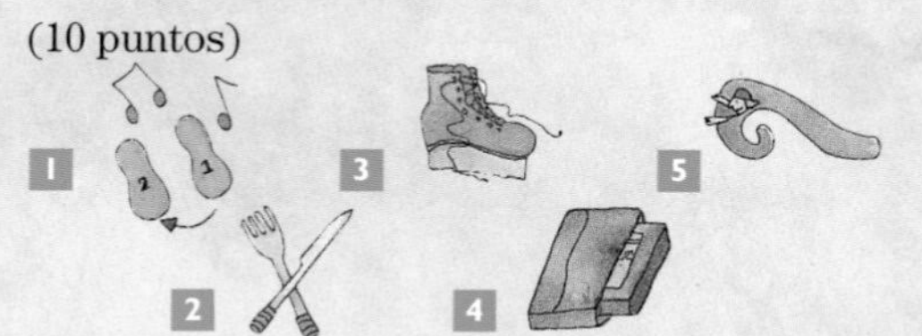

5 Escribe las frases en el futuro.

(10 puntos)

1 Pedro (dar) una fiesta.
2 Yo (ir) a la fiesta de Pedro.
3 ¿Y tú? ¿Cómo (ir) a la fiesta de Pedro?
4 Yo (comprar) un disco para el cumpleaños de Pedro.
5 María (volver) en el coche de su padre.

6 ¿Qué harás para preparar la fiesta. Escribe 6 frases.

(12 puntos)

7 Escribe 5 frases.

(10 puntos)

8 Haz 4 preguntas para los dibujos de Actividad 7. Empieza las frases con ¿Quieres ...?

Ejemplo ¿Quieres beber algo?

(8 puntos)

¡no escribas aquí!

9 ¿A dónde irás con tus amigos este fin de semana? Describe cinco lugares de tu ciudad con dos frases para cada uno.

Ejemplo Iremos a la discoteca Roxy. Hay música muy buena de rock y es barata.

(10 puntos)

10 ¿Qué harán los gemelos este fin de semana? Escribe 5 frases. Empieza con Nosotros ...

(10 puntos)

Total = /100

1 **Juego psicológico**

¡Vamos a Bailar!

Para tu cumpleaños quieres dar una fiesta con un tipo de música y baile diferente. Elige el baile que prefieres y te diremos tu personalidad.

A **La Samba**:
Eres una persona decidida y pasional, determinada y sin problemas, llena de energía.

B **El Lento**:
Eres una persona introvertida y tímida, pero también posesiva y exigente. No te gusta expresar tus sentimientos.

C **El Tango**:
Eres una persona exhibicionista y melodramática, nada tímida y con un gran sentido del humor.

D **El Charleston**:
Eres una persona alegre, extrovertida y muy divertida.

E **El Vals**:
Eres una persona muy romántica, tímida e indecisa. Vives más en el pasado que en el presente.

F **El 'Shake'**:
Eres una persona moderna, un poco despreocupada, pero también tienes un temperamento frágil, romántico y sensible.

G **El Rock**:
Eres una persona práctica y realista, un poco cínica, pero necesitas mucho a tus amigos.

H **El Flamenco**:
Eres una persona dulce, pero también muy decidida y testaruda, un poco dramática, pero también alegre, contradictoria.

2 **Lee el artículo de esta revista en el que varias personas dicen cómo celebrarán su cumpleaños. Lee lo que dicen y ordena los dibujos. ¿Con quién lo celebrarán?**

Celebraré mi cumpleaños en un globo con mis hermanos. Es muy tranquilo y muy emocionante.

a

Iré a Londres por un día con mis hijos y mi mujer. Tomaré el avión de Madrid por la mañana; visitaré las tiendas de Londres durante el día, comeré en un restaurante bueno y volveré a Madrid por la tarde.

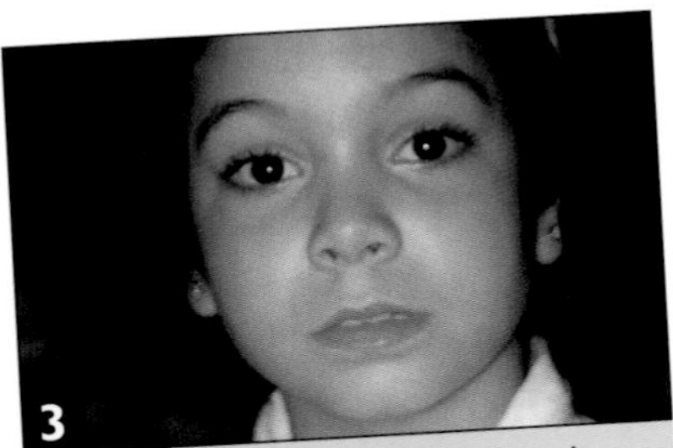

Iré al zoo con mis papás, mi hermana y mis amiguitos.

b

Iré de excursión con mis primos y unos amigos. Subiré a una montaña muy alta.

c

d

Ahora lee estas frases que dicen las mismas personas después. Une cada una de estas frases con una de las frases anteriores. Usa "porque" para unir las frases.

a Me gusta viajar.
b Me gusta el silencio, la tranquilidad y me gusta ver el campo desde el aire.
c Me gusta caminar. Me gustan mucho las montañas y el ejercicio.
d Me gustan mucho los animales.

de verdad

3 Mira estas tarjetas de felicitación, que corresponden a diferentes ocasiones. ¿Cuándo las regalas? Une la fiesta con la tarjeta.

a boda: tu prima se casa
b tu tía tiene un bebé
c tu amigo está enfadado
d pasas un examen
e una amiga va a vivir en otra ciudad
f tu hermano mayor tiene su primer trabajo
g tu amigo está enfermo
h tu amiga te ayuda mucho con los deberes y los exámenes
i tus abuelos celebran 50 años de casados

LECCIÓN 21

Haciendo planes

OBJETIVOS

- *Hablar de los planes de tu grupo.*
- *Explicar qué haréis y adónde iréis.*

A ¿A dónde iremos?

1 **Los amigos y amigas van a visitar la ciudad. ¿A dónde irán? ¿Qué harán? Escucha y ordena los dibujos. Después une las frases con los dibujos y repítelas.**

a

b

c

d

e

f

g

h

i

1 Iremos en autobús.
2 Alquilaremos bicicletas.
3 Jugaremos.
4 Compraremos chucherías
5 Visitaremos el museo.
6 Tomaremos un refresco.
7 Comeremos un bocadillo.
8 Iremos al cine.
9 Miraremos escaparates.

2 **Mira las fotos y habla con tu compañero/a. ¿Qué haréis y a dónde iréis?**

3 **Escribe frases sobre Carlos y sus amigos.**

Ejemplo Carlos y sus amigos irán a la ciudad en autobús.

4 **Escucha a Carlos y a Goreti que hablan del viaje. Escucha y elige la respuesta correcta.**

1 Los amigos saldrán de casa ...
  a a las ocho y cuarto.
  b a las ocho y media.
  c a las ocho.

2 Estarán en la parada ...
  a a las ocho y cuarto.
  b a las ocho y media.
  c a las ocho.

3 ¿Quién irá con ellos?
  a Tessa y Cristian irán también.
  b Tessa irá también, pero Cristian no.
  c Tessa no irá, pero Cristian sí.

4 Comerán ...
  a en un restaurante.
  b en el parque, de picnic.
  c en el parque, en un bar.

5 Comprarán ...
  a carne y tomates.
  b carne y queso.
  c queso y tomates.

Futuros irregulares
salir: sal**dré**, sal**drás**, sal**drá**, sal**dremos**, sal**dréis**, sal**drán**
venir: ven**dré**, ven**drás**, ven**drá**, ven**dremos**, ven**dréis**, ven**drán**
poder: po**dré**, po**drás**, po**drá**, po**dremos**, po**dréis**, po**drán**
hacer: ha**ré**, ha**rás**, ha**rá**, ha**remos**, ha**réis**, ha**rán**

5 **Vas a ir con Carlos y sus amigos. Escribe una carta con la siguiente información:**

¿Con quién irás? ¿A dónde iréis? ¿Cómo iréis? ¿Qué haréis? etc.

B La ciudad de México

6 **Vamos a visitar La Ciudad de México: DF. Lee el texto del folleto turístico y contesta las preguntas.**

¡Atención!

La Ciudad de México se llama también DF que quiere decir Distrito Federal.

En México un billete de autobús se llama 'boleto'. La moneda de México se llama 'el peso'. Ahora usan 'nuevos pesos'.

1 ¿Qué vamos a visitar?
2 ¿De dónde sale la visita?
3 ¿Cuánto cuesta?
4 ¿Quién va con los grupos?
5 ¿A cuántos números de teléfono puedes llamar para obtener información?

7 **Mira el plano y escucha al guía. Señala y ordena los lugares que menciona el guía. Señala el trayecto del tranvía turístico.**

8 **Ahora tú eres el/la guía. Explica una ruta a tu compañero/a.**

C Un viaje a México

9  **Escucha a Magda que habla con Tessa de su próximo viaje a México. Lee su agenda y escribe las horas en que visitará los museos y monumentos.**

Con tu compañero/a practica los diálogos.

Ejemplo Estudiante A: ¿Qué harás el lunes por la mañana?
Estudiante B: Visitaré el Palacio de Bellas Artes a las diez.

AGENDA

LUNES
mañana: *visita al Palacio de Bellas Artes*
tarde: *ir al Teatro de la Ciudad*
MARTES
mañana: *visitar el Museo de la Ciudad*
tarde: *Palacio Nacional*
MIÉRCOLES
mañana: *Museo de las Culturas*
tarde: *ir al Museo de la Ciudad*
JUEVES
mañana: *visitar el Museo de las Culturas*
tarde: *Palacio de Bellas Artes*
VIERNES
mañana: *compras*
tarde: *cine*
SÁBADO
mañana: *Palacio Nacional*
tarde: *Teatro de la Ciudad*
DOMINGO
mañana: *pasear por la ciudad*
tarde: *Palacio Nacional*

10 **Mira los horarios de algunos museos y monumentos y lee la agenda de Magda. No todos los museos y monumentos están abiertos a las horas en que Magda quiere visitarlos. ¿A dónde podrá ir y a dónde no podrá ir?**

Museo de las Culturas
Abierto de 10 a 2 h todos los días, excepto jueves.

Museo de la Ciudad
Abierto de 11 a 1 h y de 4 a 8 h, excepto lunes y miércoles.

Palacio Nacional
Abierto los fines de semana de 10 a 5 h.

Teatro de la Ciudad
Abierto todos los días de 9 a 4 h, excepto lunes y martes.

Palacio de Bellas Artes
Abierto los lunes, martes, jueves de 12 a 6 h. Sábados y domingos de 10 a 5 h.

Escribe frases.

Ejemplo Magda no podrá visitar el Palacio de Bellas Artes el lunes por la mañana porque está cerrado.

11 **Prepara una visita de tu ciudad para tus amigos españoles. Escribe un programa, prepara un mapa y un plano. Graba una visita guiada en español para tus amigos. Si lo prefieres, trabaja en grupo.**

¡Atención!

Un plano es de la ciudad y un mapa de la región o del país, pero puedes decir también un mapa de la ciudad.

Aventura Semanal – ¿Sabes?

En la Ciudad de México hay muchos monumentos interesantes. La Torre Latinoamericana es uno de ellos. Es un gran edificio construido en 1950 que tiene 44 pisos (aproximadamente 162 metros) con un restaurante y un mirador que ofrecen una vista espectacular.
Es uno de los edificios más altos de Latinoamérica. Otro monumento importante es el Palacio Nacional en la famosa plaza del Zócalo.

En La Ciudad de México está el Hospital de Jesús, el primer hospital de todo el continente americano, fundado por Hernán Cortés en 1524. ¡Y todavía funciona en la actualidad!

Torre Latinoamericana

Palacio Nacional

¡Ya sabes!

el futuro plural:
¿Cómo iréis?
Ir**emos** en autobús.
Los chicos ir**án** en autobús.
desayunar**emos**
subir**emos**
Los futuros irregulares: **saldré**, **podrás**, **vendrá**, **haremos**.
Vocabulario: un mapa, un plano, alquilar bicicletas, mirar escaparates.

El picnic

OBJETIVOS

- ***Hablar de los ingredientes necesarios para el picnic.***
- ***Hablar de las cantidades.***

A ¿Qué comeremos mañana?

1 Jaime dice qué llevarán para el picnic en el parque. Escucha. Une el nombre de la comida con el dibujo correspondiente.

1 un bocadillo de jamón
2 un bocadillo de queso
3 un bocadillo de chorizo
4 un bocadillo de salchicha
5 una tortilla de patata
6 una ensalada
7 patatas fritas
8 fruta
9 pan
10 pasteles

2 Mira los ingredientes. Selecciona los que Jaime y sus amigos necesitan para preparar el picnic. Marca con una cruz los que no van a usar.

Escucha a Tessa y Jaime.

¿Sabes los nombres de todos los productos? Escribe todos los que recuerdas.

3 **Lee las recetas de una tortilla de patata, una ensalada de frutas y una ensalada.**

4 **¿Qué llevas a tu picnic? Decide y habla con tu compañero/a. ¿Elegís las mismas cosas?**

5 **Escribe una lista de ingredientes para tu plato favorito.**

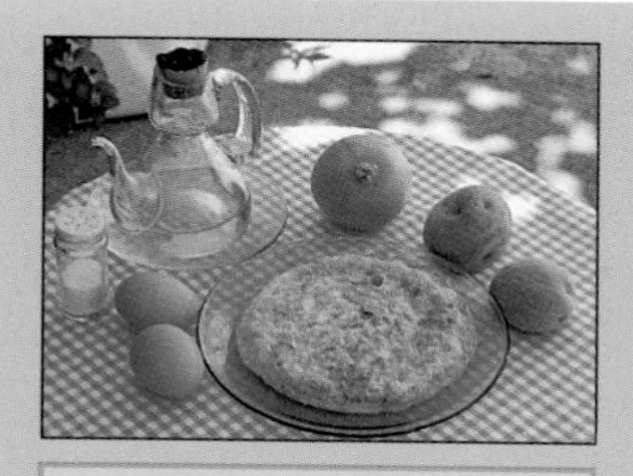

TORTILLA DE PATATA:
patatas, cebolla, huevos, aceite y sal

ENSALADA DE FRUTAS:
manzanas, plátanos, naranjas, piña, uva, melocotón

ENSALADA:
tomate, lechuga, pepino, aceite, vinagre y sal.

B Vamos a comprar ...

6 **Mira las fotos de las tiendas.**

Escucha a los chicos y chicas que deciden lo que va a comprar cada uno y di a qué tienda irán.

Ejemplo Tessa irá a la frutería
Jaime irá a ...
Tatiana ...
Carlos ...
Omar ...

Escucha las frases completas y comprueba.

a carnicería

b pescadería

c frutería/verdulería

d panadería

e charcutería

7 **Los amigos van de compras. Mira los productos de Actividad 2 y escribe una lista para cada chico o chica con lo que crees que comprará.**

Escucha a los chicos y chicas que leen su lista completa. ¿Coincides con ellos?

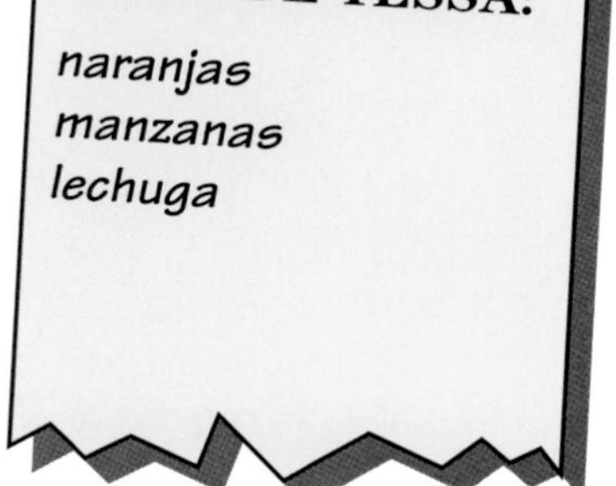

LISTA DE TESSA:
naranjas
manzanas
lechuga

8 **Habla con tu compañero/a. Haz diálogos.**

Ejemplo Estudiante A: ¿Dónde comprarás las patatas?
Estudiante B: Compraré las patatas en la verdulería.

9 **Une los productos con las cantidades o recipientes.**
Escucha y repite. Después escribe una lista de compra.

Ejemplo 1d = un litro de aceite.

1 un litro
2 una docena
3 una botella
4 un kilo
5 un cuarto
6 cien gramos
7 un paquete
8 una caja
9 una barra
10 medio kilo
11 una lata
12 un bote

C En las tiendas

10 **Repasa los números.**
Escucha y escribe. Ejemplo Cien: 100.

11 **Escucha qué va a comprar Jaime a la tienda de comestibles.**

a Mira su lista y pon las cosas que compra en el orden en que las menciona en el casette.
b ¿Qué no tiene la dependienta?
c Escribe la cantidad que compra y el precio (te damos un ejemplo)
d La calculadora de la dependienta no funciona muy bien y dice el precio total mal. ¿Cuál es el precio total correcto?

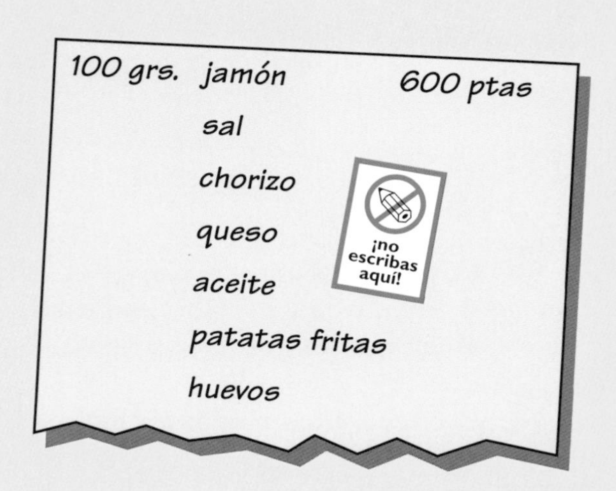

12 **Ahora escucha a Tessa y a Omar que compran en otras tiendas y haz las mismas actividades. Usa sus listas de compra.**

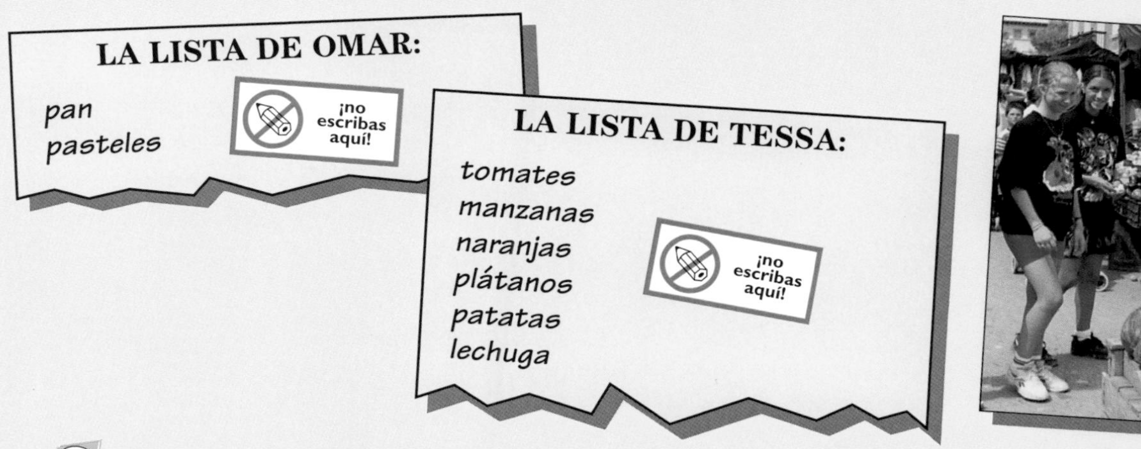

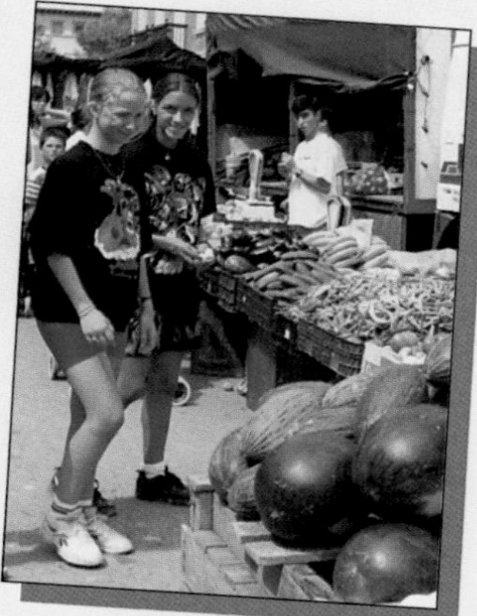

13 **Haz diálogos similares en las tiendas con tu compañero/a. Tú eres el cliente y tu compañero/a el dependiente o la dependienta.**

Aventura Semanal – ¿Sabes?

Los mercados en España

En España puedes comprar la comida en el mercado. El mercado es un edificio muy grande, cerrado, donde hay muchas pequeñas tiendas individuales, juntas, que se llaman "puestos". Allí hay pescaderías, verdulerías, panaderías, carnicerías, etc.

También hay charcuterías que son unas tiendas que venden productos tipo "delicatessen"; algunos de estos productos son típicamente españoles como el jamón serrano, el chorizo, el queso manchego, etc. También hay mercados al aire libre. Algunos venden comida como frutas y verduras o frutos secos y caramelos.

¡Ya sabes!

¿Qué comprarán? Comprarán los ingredientes: chorizo, aceite, sal, huevos, pan, etc.
¿Dónde irán? A la charcutería, la panadería, la carnicería, la verdulería, etc.
¿Dónde comprarás las patatas?
un litro de aceite, **una docena de** huevos, **una barra de** pan, **un kilo de** patatas, **un paquete de** patatas fritas, etc.
¿Cuánto es?

LECCIÓN 23

Viaje a la ciudad

OBJETIVOS

- *Planear una visita turística.*
- *Explicar cómo viajarás y a qué hora llegarás.*
- *Comprar un billete.*
- *Explicar lo que tienes que hacer.*

A ¿Cuántos autobuses hay?

1  **Escucha a Tessa que pide a Carlos detalles sobre el viaje a la ciudad. Completa el diálogo y después escribe las horas en el horario de autobuses y el precio en el billete.**

Tessa: ¿Cuántos autobuses hay?
Carlos: Hay dos, uno a las ___(1)____ y otro a las ___(2)___.
Tessa: ¿Cuál tomaremos?
Carlos: El de las ___(3)___ que llega a Zaragoza a las ___(4)___. Si tomamos el de las __(5)__ y media, llegaremos muy tarde y no podremos hacer nada.
Tessa: Vale. ¿Y a qué hora vuelve?
Carlos: Hay un autobús que vuelve a las ___(6)___ y otro a las ___(7)___. Volveremos en el de las ____(8)____
Tessa: Pero llegaremos muy tarde a casa.
Carlos: No, llegaremos a las ___(9)____.
Tessa: Bueno, vale. ¿A qué hora tengo que estar en la parada?
Carlos: Tienes que estar en la parada a las ____(10)___.
Tessa: ¿Y cuánto dinero tengo que llevar para el viaje?
Carlos: El billete de ida y vuelta cuesta ___(11)__ pesetas.

Autobuses Belchite-Zaragoza Nº 0089095
CLASE UNICA
Asiento Nº .... Coche Nº .... Hora salida ....
PESETAS
.... a ....
Dia .... de .... de 199........

AUTOBUSES BELCHITE - ZARAGOZA

Horario

Salida Belchite		
Llegada Zaragoza		
Salida Zaragoza		
Llegada Belchite		

2 **Vas a ir a la ciudad con tu compañero/a. Haz un diálogo similar. Usa el horario. Necesitas esta información:**

¿Cuántos autobuses hay?
¿A qué hora sale/llega el autobús?
¿A qué hora tienes que estar en la parada?
¿Cuánto cuesta el billete?
¿Cuánto dinero tienes que llevar?

3 **Lee la postal que Tessa escribe a su amiga Elena. Elena vive en Zaragoza y los amigos irán a visitarla.**

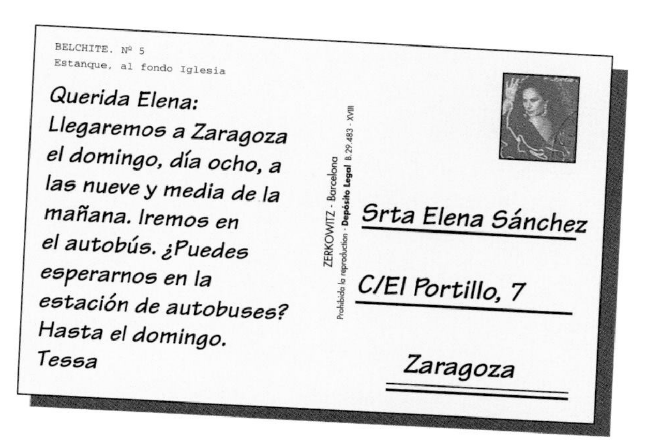
BELCHITE. Nº 5
Estanque, al fondo Iglesia

Querida Elena:
Llegaremos a Zaragoza el domingo, día ocho, a las nueve y media de la mañana. Iremos en el autobús. ¿Puedes esperarnos en la estación de autobuses?
Hasta el domingo.
Tessa

Srta Elena Sánchez
C/El Portillo, 7
Zaragoza

ZERKOWITZ - Barcelona
Prohibida la reproducción Depósito Legal B.29.483 - XVIII

4 **Escribe postales similares con la siguiente información:**

a Barcelona/lunes/15/avión/aeropuerto/12.30
b Madrid/miércoles/23/tren/estación Chamartín/5.30 de la tarde
c Sevilla/ jueves/25/ autobús/estación de autobuses/8 de la tarde

¡Atención!

barco = boat
puerto = port
billete = ticket/banknote

B Un billete, por favor

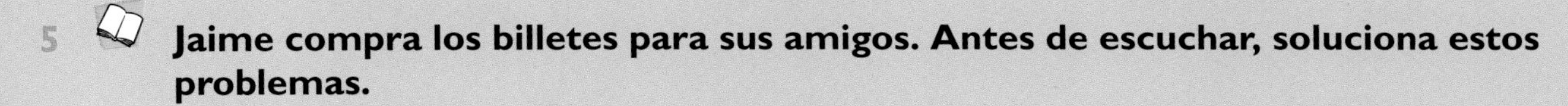

5 **Jaime compra los billetes para sus amigos. Antes de escuchar, soluciona estos problemas.**

1 Son seis amigos y cada billete cuesta ochocientas pesetas. ¿Cuánto dinero necesita Jaime en total?
2 Jaime da al conductor un billete de cinco mil pesetas. ¿Cuánto dinero le devuelve el conductor?
3 Normalmente el autobús sale a las ocho y media y el viaje dura una hora. ¿A qué hora llegarán a casa por la noche si el autobús sale una hora más tarde?

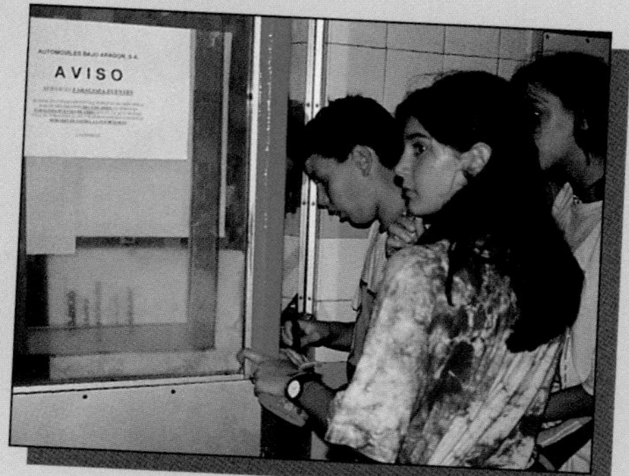

Escucha el diálogo y comprueba.

6 **Haz un diálogo similar con tu compañero/a.**

Tener que + infinitivo
¿A qué hora **tengo que tomar** el autobús?
Tienes que tomar el autobús a las ocho.

7 **Soluciona más problemas**

a Sois tres amigos. El billete de ida cuesta quinientas pesetas. ¿Cuánto cuestan en total los billetes de ida y vuelta para los tres?
b Queréis tomar el autobús que sale a las nueve y media. Desde tu casa a la parada tardas un cuarto de hora. ¿A qué hora tienes que salir de casa si quieres llegar a la parada un cuarto de hora antes de la salida del autobús?
c ¿A qué hora llega a Bilbao el autobús que sale de Santander a las tres si tarda dos horas y media en llegar?

C Llegamos a la ciudad

8 **Escucha los diálogos y contesta las preguntas:**

a ¿A qué medio de transporte corresponden?

b Escucha otra vez el diálogo 1 y elige las frases correctas.

1 El billete cuesta diez pesetas/cincuenta pesetas/cien pesetas.
2 La chica tiene que seguir en la misma línea/cambiar de línea/tomar tres líneas
3 Tiene que tomar primero la línea/azul/amarilla/verde ...
4 ... en dirección norte/este/oeste.
5 En total hasta Plaza de España hay tres paradas/dos paradas/cinco paradas.

c Escucha ahora los diálogos 2 y 3 y di si las frases son Verdad (V) o Mentira (M).

1 En el diálogo 2 el billete cuesta 90 pesetas.
2 La chica no tiene que cambiar.
3 El chico va a la calle de Navarra.
4 El chico va al número 78.

9 **Haz diálogos similares con tu compañero/a: uno en el metro, otro en un autobús y otro en un taxi.**

10  **Elena te manda un póster sobre los medios de transporte de su ciudad con unas fotos y unas frases que se refieren a las fotos. Pero las fotos están mezcladas. ¿Qué foto corresponde a cada frase?**

1 Para venir a mi ciudad puedes tomar el avión directamente porque hay aeropuerto, aunque es muy pequeño. Sólo hay aviones a otras ciudades de España y a Londres, París y Frankfurt.

2 También hay trenes. Sólo hay una estación, pero es grande y es importante. Hay varios trenes que vienen de muchas ciudades todos los días. La estación se llama El Portillo.

3 Hay muchas estaciones de autobuses que van a varias ciudades y pueblos. Los autobuses o autocares son muy modernos y cómodos y tienen vídeo y aire acondicionado, servicios, música ...

4 En mi ciudad no hay metro.

5 Los autobuses son muy buenos y baratos. Si quieres puedes comprar un bonobús o un bonomés y otros abonos. El bonobús sólo cuesta 510 pesetas y vale para diez viajes. Los autobuses son de color rojo y el interior es muy amplio, sólo tienen un piso y muchos están adaptados para personas que necesitan sillas de ruedas. También tienen aire acondicionado, ¡y es ecológico!

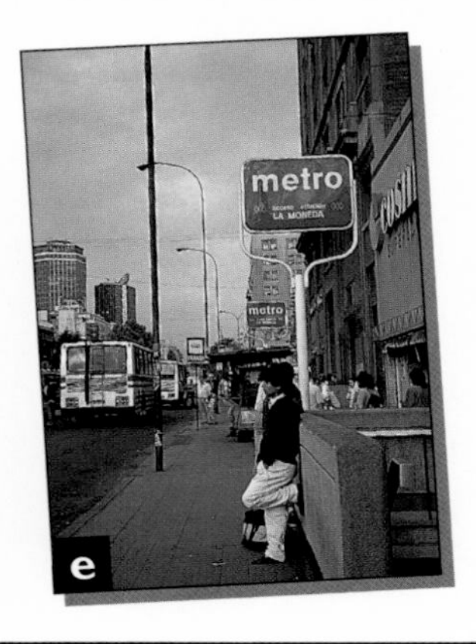

11 Ⓟ **Prepara un póster para tus amigos en España o en Hispanoamérica, sobre los medios de transporte que tiene tu pueblo o ciudad. Escribe en el póster frases similares a las de la carta de Elena y grábalas en una cinta también. Trabaja en grupo si lo prefieres.**

Aventura Semanal – ¿Sabes?

El transporte urbano en México

En México un billete de autobús se llama 'boleto' y un autobús se llama 'camión'. También hay minibuses que se llaman 'peseras' porque tradicionalmente costaban un peso. Las peseras no tienen paradas fijas, una persona puede parar a las peseras donde quiere. La combi es un servicio colectivo de taxi o minibus.

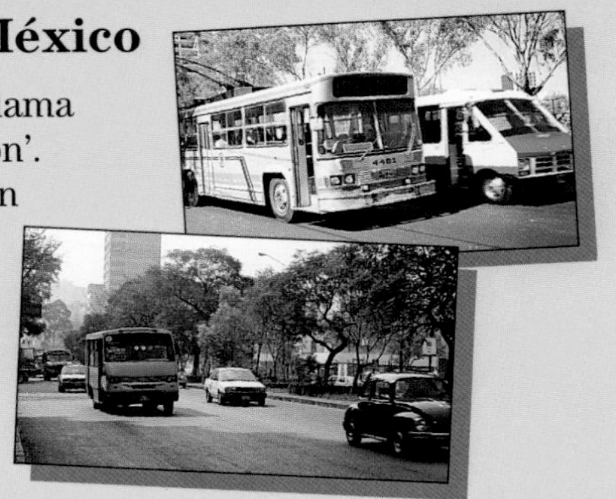

¡Ya sabes!

Tienes que estar en la parada a las ocho.
Tienes que comprar un billete.
Llegaremos el domingo, día ocho, a las nueve y media.
Medios de transporte.

LECCIÓN

En el parque

OBJETIVOS

- *Describir un parque.*
- *Alquilar bicicletas y comprar billetes.*

A ¿Qué hay en el parque?

1 **Escucha a Leticia. Une las fotos con las palabras. ¿Cuántas sabes ya?**

a un tren
b bicicletas
c carros
d fuentes
e cafeterías
f árboles
g un río
h bancos
i flores
j columpios
k pájaros
l pintores

1

2

3

4

5

6

7

8

9

10

11

12

Escribe frases: En el parque hay ...

2 **Escucha a los chicos y chicas. ¿Qué es lo que más les gusta del parque? Marca en el cuadro.**

	Carlos	Sara	Tessa

Pronunciación

Los sonidos que, qui.
La 'u' no se pronuncia. Escucha y repite:
alquilar, pequeña, porque, quiero.

Escribe frases.

Ejemplo Lo que más le gusta a Carlos es ...

3 **Habla con tu compañero/a.**
¿Hay un parque en tu ciudad? ¿Qué hay en tu parque?
¿Dónde está? ¿Vas muchas veces?
¿Qué es lo que prefieres del parque?

4 **Tessa escribe una carta sobre el parque que está cerca de su casa en Londres. Mira las fotos y di qué foto corresponde a cada frase.**

Ejemplo a = Hay muchos bancos y árboles.

Querida Leticia:
Yo vivo enfrente de un parque muy bonito, que se llama Alexandra Park y está en el norte de Londres. Está muy cerca de mi casa y es muy grande. Hay un lago con barcas y patos, y también hay otros animales. Hay también muchos bancos, árboles y pájaros y es muy verde porque ya sabes que en Londres llueve mucho. Hay columpios y toboganes para los niños y voy con mi hermana pequeña a jugar allí. También hay un palacio muy grande que se llama Alexandra Palace. Hay una cafetería y una tienda de helados. También hay un campo de golf y una tienda muy grande de flores y plantas.
En verano hay una feria y hay mucha gente. Te mando unas fotos.
Un abrazo,
Tessa

5 **Escribe una carta a un amigo/a español/a o hispanoamericano/a sobre tu parque.**

B Quiero alquilar una bicicleta

6 **Escucha los dos diálogos en el parque. ¿A qué foto corresponden? Completa el folleto de alquiler de bicicletas con los precios. ¿Cuántas bicicletas y/o carros alquilan Carlos y Leticia? ¿Por cuánto tiempo?**

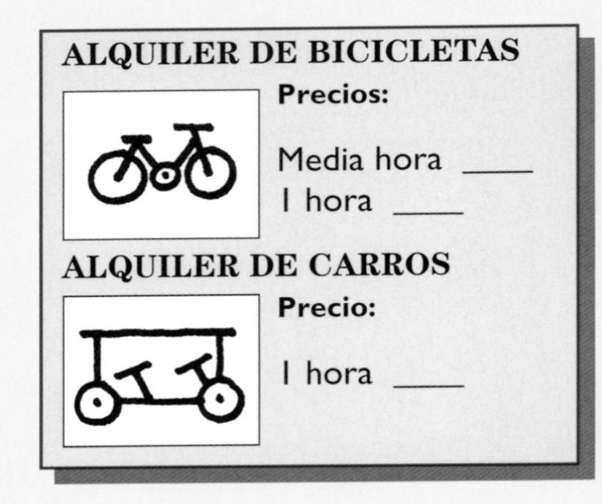

ALQUILER DE BICICLETAS

Precios:

Media hora ____
1 hora ____

ALQUILER DE CARROS

Precio:

1 hora ____

a

b

7 **Haz diálogos similares con tu compañero/a.**

1 Tú quieres alquilar dos bicicletas, una para ti y otra para tu hermano pequeño.
2 Quieres alquilar tres carros para un grupo de doce chicas y chicos de tu instituto.
3 Quieres alquilar dos bicicletas y un carro para ti y tus amigos.

8 **Los amigos enseñan sus fotos. Lee y escucha lo que dicen.**

Elige una frase para cada foto.

1 No podemos subir la cuesta. Tenemos que empujar.
2 ¡Cuidado que chocamos!
3 Jaime va delante.
4 Los chicos van delante.
5 En este carro sólo vamos tres chicas.
6 Jaime va detrás.

a

b

c

d

e

f

C El tren del parque

9  **Ahora el grupo de amigos va en el tren del parque y quieren comprar billetes. Escucha la conversación y contesta estas preguntas.**

1 ¿Cuánto cuesta el billete?
2 ¿Cuántos billetes quiere Leticia?
3 ¿Cuánto cuestan todos los billetes?
4 ¿Cuánto dinero le da Leticia a la empleada?
5 ¿Cuánto dinero le da de cambio la empleada?
6 ¿A qué hora sale el tren?
7 ¿Y cuánto tarda el viaje?

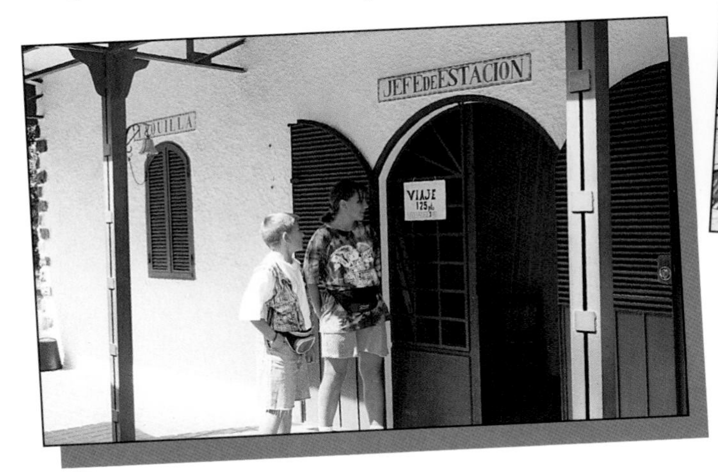

10 Ⓟ **1 Los parques de tu ciudad. Dibuja mapas, busca fotos, haz pósters, escribe una guía y describe los parques (o un parque que te gusta mucho).**
2 Tu parque ideal. Diseña y dibuja tu parque ideal. Escribe una guía para tus amigos/as.

Aventura Semanal

El Parque

Quiero alquilar
una bicicleta
y por el parque pasear.
Con mis amigos
subiré la cuesta.
¡Cuidado que chocamos!
¡Tenemos que empujar!

La canción

¡Ya sabes!

Vocabulario del parque:
En el parque hay ... : (los) carros;
(las) fuentes; (los) árboles; (los) bancos;
(los) columpios.
¿Qué es lo que más te gusta del parque?
Lo que más me gusta son las bicicletas.

LECCIÓN 25

Fui a la ciudad

OBJETIVOS

- *Decir adónde fuiste (ayer/el fin de semana)*
- *Hablar en el pasado.*

A Ayer fui a la ciudad

1 **Escucha a Tessa y ordena los dibujos. Escucha otra vez, comprueba tus respuestas y repite.**

a 

b  

c  

d

e 

f 

2 **Practica con tu compañero/a diálogos similares.**

Ejemplo Estudiante A: ¿A dónde fuiste?
Estudiante B: Fui a la ciudad.

Ahora escribe frases.

Ejemplo Fui a la ciudad.

la playa

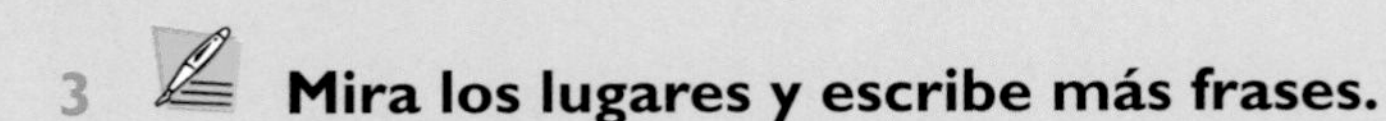

3 **Mira los lugares y escribe más frases.**

Escucha, comprueba y repite.

Ejemplo Ayer fui a la playa.

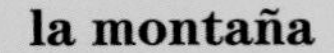
la montaña

la discoteca

el instituto

el club

el supermercado

la piscina

el campamento

Pronunciación

Escucha: fui; fue.
¡Cuidado! No llevan acento.

Pretérito del verbo ir
(yo) fui/(tú) fuiste/(él, ella) fue
¿A dónde fuiste?
Fui a la ciudad.
Tessa fue a la ciudad ayer.
¡Nota! En el pretérito la forma del verbo **ser** es idéntica a la del verbo ir.
Ayer **fue** el siete de mayo.

157

4 **Habla con tu compañero/a.**

Ejemplo Estudiante A: ¿A dónde fuiste?
Estudiante B: Fui a la playa.

5 **¿A dónde fuiste ayer? Une a cada chico/a con el lugar.**

Ana Pepi Charo Mercedes Pedro David

a

b

c

d

e

f

g

6 **Encuesta en la clase. Habla con tus compañeros/as. Pregunta:**

¿A dónde fuiste el fin de semana? ¿Qué lugar es el más popular?

B ¿Quién fue al Museo?

7 **a Escucha y di quién fue al museo. Ejemplo** Tessa fue al museo.

Omar ...
Susana ...
Cristian ...
Jaime ...

b Después escucha el diálogo completo entre Rosa y Jaime y termina las frases:

El Museo es ...
En el Museo hay ...

8 **El guía explica a los chicos y chicas lo que hay en el museo. Mira las fotos y ponlas en el orden en que las menciona el guía.**

a

b

c

d

e

9 **Después de la visita al museo, escribe una carta a tu amigo/a con la información que tienes.**

> **Querido/a ...:**
> Ayer fui a un Museo de Zaragoza. Es muy bonito y ... Hay ...

C Otros museos

10 **¿En qué tipo de museo encuentras estos objetos? Pon el objeto en el museo.**

a El Museo de Cera
b El Museo de Pintura
c El Museo de Escultura
d El Museo del Juguete
e El Museo de la Ciencia
f El Museo del Transporte

1 **cuadro**

2 **escultura**

3 **figura de cera**

4 **tren antiguo**

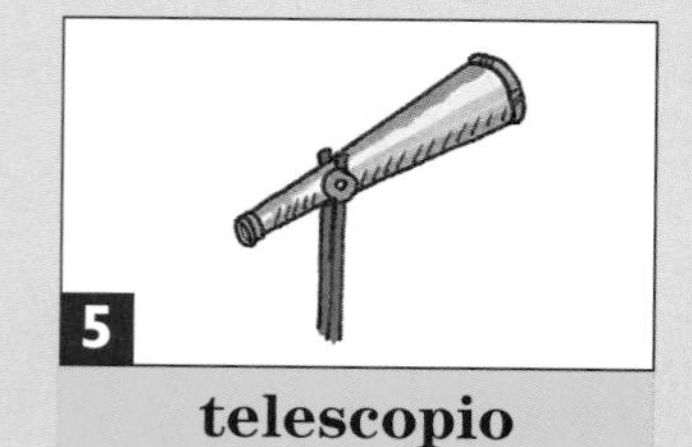

5 **telescopio**

6 **muñeca**

Ahora escribe frases.

Ejemplo Hay un cuadro en el museo de pintura. Escucha y comprueba.

P **¿Hay museos en vuestro pueblo o ciudad? ¿Qué museos hay? ¿Qué objetos hay? ¿Qué os gusta ver en un museo? Preparad un póster con un mapa, horarios y fotos de los museos de vuestra ciudad o de una ciudad que conocéis. Diseñad tu museo ideal.**

Aventura Semanal – ¿Sabes?

Arte Español

Picasso fue un pintor y escultor español muy famoso, que nació en Málaga en 1881 y murió en 1973. Sus pinturas y esculturas son muy conocidas. ¿Conoces alguna?

Aquí tienes dos esculturas muy originales que representan dos animales. Los animales están formados por objetos muy normales. ¿Puedes encontrarlos en las esculturas?

Receta

1 sillín
1 manillar de bicicleta
El conjunto pegado al yeso y ya está:

"Una cabeza de toro"

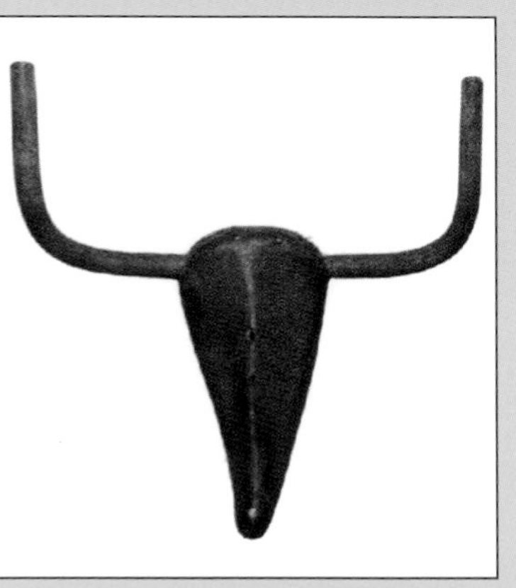

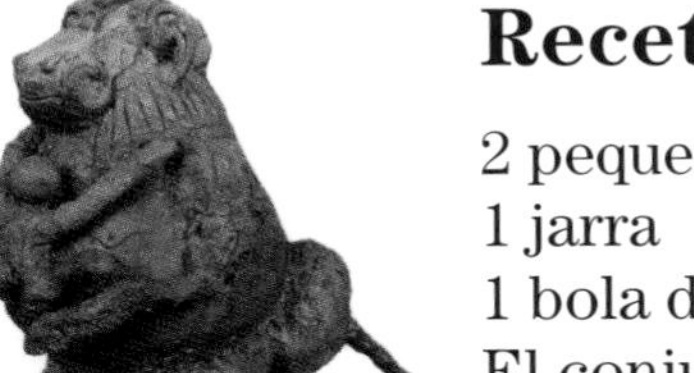

Receta

2 pequeños coches
1 jarra
1 bola de ping-pong
El conjunto pegado al yeso y ya está:

"La mona con su cachorro"

¡Ya sabes!

–¿A dónde fuiste ayer? –Fui a la ciudad.
–¿A dónde fue Tessa? –Fue a la piscina.
Vocabulario del museo:
El museo ... de cera, de pintura, de escultura, etc.

Autoevaluación

1 ¿Qué haréis tú y tus amigos en la ciudad?

Ejemplo Mis amigos y yo alquilaremos bicicletas.

(12 puntos)

1 pasear por la ciudad
2 escuchar música
3 comprar ropa
4 ir al cine
5 ver una película
6 visitar el museo

2 Completa tu agenda para la semana próxima. Escribe dos actividades para cada día.

Ejemplo Iré al cine.

(14 puntos)

3 ¿Qué llevarás para el picnic?

(10 puntos)

4 Escribe dos ingredientes para estos platos.

1 tortilla de patata
2 la ensalada
3 la ensalada de frutas

(6 puntos)

5 Mira los dibujos. ¿En qué tienda puedes comprar estas cosas?

(6 puntos)

1 2 3 4 5 6

6 Escribe la lista de compra. Ejemplo: Un kilo de sal.

(20 puntos)

1 2 3 4 5 6 7 8 9 10

7 Lee el diálogo y escribe las preguntas.

(12 puntos)

1 Tú: ¿______________________?
Jaime: Hay un autobús
2 Tú: ¿______________________?
Jaime: A las diez de la mañana.
3 Tú: ¿______________________?
Jaime: A las nueve de la noche.
4 Tú:¿______________________?
Jaime: Tienes que estar en la parada a las diez menos cinco.

¡no escribas aquí!

8 ¿Qué hay en el parque? Escribe las palabras correspondientes a cada dibujo.

(8 puntos)

9 ¿A dónde fuiste ayer? Escribe frases:

(12 puntos)

Total: /100 puntos

1 ¿Cuántas calorías tomas? Lee el artículo de una revista juvenil española y haz las siguientes actividades:

a Marca qué fotos de comida o bebida corresponden a las cosas de comer y beber que se mencionan. ¿Cuántas calorías son en total?

b Después selecciona las cosas que comes y bebes tú en una semana y suma las calorías y ¡qué horror!

c Enseña la lista a tus amigos y familia y pregúntales lo que comen en un día o una semana. Suma las calorías para cada persona.

Chucherías = Calorías

"Qué hambre tengooo..!"

A las once de la mañana tienes hambre y comes un bollo de chocolate o un croissant. A mediodía un 'pequeño' aperitivo: unas patatas fritas, unas aceitunas o unos cacahuetes.
Por la tarde unas palomitas, pipas, una chocolatina ... ¡Ah! y un helado, claro! Para cenar, una hamburguesa o una pizza ...¿Sumas? Luego te preguntarás: ¿Por qué no sube la cremallera de los vaqueros?

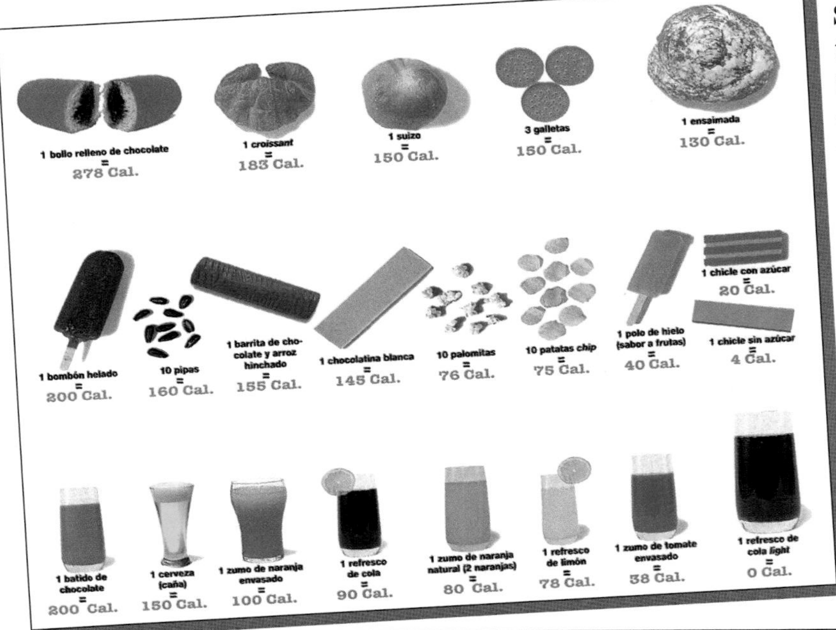

Si quieres llevar esos vaqueros tan bonitos o aquella chaqueta tan ajustada, ¿por qué no cambias tus hábitos alimenticios y comes una fruta, una zanahoria, un polo de hielo, un chicle sin azúcar, o un zumo de tomate o de naranja? Y si tomas un refresco, ¿por qué no lo tomas 'light'? El sabor es prácticamente el mismo y no tiene calorías. ¿Y el agua? Puedes beber toda la que quieras y tiene cero calorías. ¿Que no es lo mismo? Bueno ... tú decides.

2 Una visita a la ciudad de Buenos Aires.

Haz el test de conocimientos: ¿Qué sabes de Buenos Aires?

1 Buenos Aires es la capital de ...
- a Chile.
- b México.
- c Argentina.

2 Buenos Aires se fundó en ...
- a 1336.
- b 1536.
- c 1836.

3 Hay ... de habitantes
- a once millones.
- b cuatro millones.
- c un millón.

4 Buenos Aires está al lado del ...
- a Río Amazonas.
- b Río de la Plata.
- c Río Mississipi.

5 Buenos Aires está ... de Argentina
- a al oeste.
- b al este.
- c en el centro.

6 Buenos Aires está en ...
- a la costa del Pacífico.
- b la costa del Atlántico.
- c las montañas del interior.

7 El metro de Buenos Aires se llama ...
- a el tubo.
- b el subte (subterráneo).
- c el metropolitano.

8 El metro se funda en el año ...
- a 1913
- b 1860
- c 1580

9 Los autobuses se llaman ...
- **a** peseras.
- **b** guaguas.
- **c** colectivos.

10 Los taxis de la ciudad son
- **a** amarillos y blancos.
- **b** amarillos y negros.
- **c** negros y rojos.

11 El deporte más popular de la ciudad es ...
- **a** el baloncesto.
- **b** el fútbol.
- **c** el tenis.

12 El River Plate y el Boca Juniors son dos ...
- **a** grandes teatros de Buenos Aires.
- **b** estaciones de metro de la ciudad.
- **c** equipos de fútbol de la ciudad.

13 La música más popular es ...
- **a** el flamenco.
- **b** el tango.
- **c** la salsa.

Ahora lee el artículo y comprueba tus respuestas. ¿Cuántas están bien?

Buenos Aires es la capital de Argentina y se fundó en el año 1536. Tiene 11 millones de habitantes. Buenos Aires está al lado del Río de la Plata, al este de Argentina en la costa del Atlántico. El metro de Buenos Aires se llama el subte (subterráneo) y se funda en el año 1913. Los autobuses se llaman colectivos. Los taxis de la ciudad son amarillos y negros. El deporte más popular de la ciudad es el fútbol. El River Plate y el Boca Juniors son dos equipos de fútbol de la ciudad. La música más popular es el tango.

3 **Escucha esta canción sobre Buenos Aires.**

Mi Buenos Aires Querido

Mi Buenos Aires querido
cuando yo te vuelva a ver,
no habrá más penas ni olvido.

El farolito de la calle en que nací,
cual centinela de mis promesas de amor,
bajo su quieta lucecita yo la vi,
a mi pebeta luminosa como un sol.

LECCIÓN 26

El parque de atracciones

OBJETIVOS

- *Decidir en qué atracción montar o subir.*
- *Comprar las entradas.*
- *Describir las atracciones.*

A ¡Vamos al parque de atracciones!

1  **Mira las atracciones del parque. Escucha y repite los nombres. Ahora une los nombres con las fotos. Escucha otra vez y comprueba.**

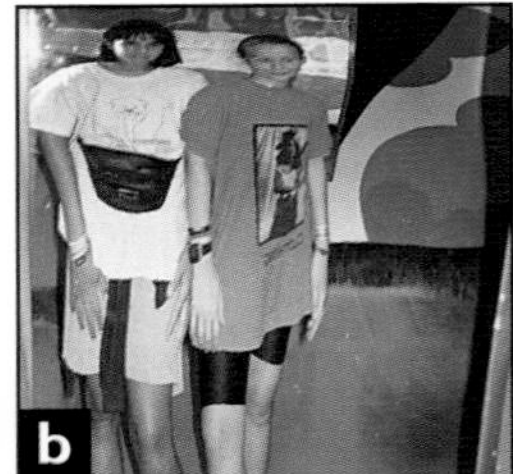

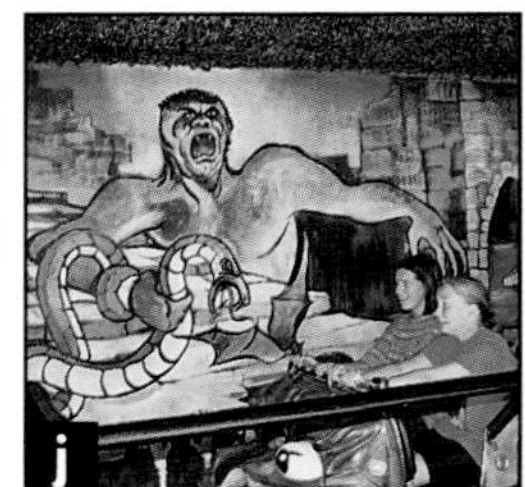

1 la Noria
2 los Autos de Choque
3 los Caballitos
4 la Cueva del Horror
5 el Barco del Mississipi
6 la Montaña Rusa
7 el Laberinto
8 los Espejos
9 los Karts
10 el Amor Express

2 **Escucha a los chicos y chicas. ¿Qué atracciones les gustan?**

Ejemplo 1 Tessa = Noria
2 Jaime
3 Carlos
4 Goreti
5 Isabel
6 Tatiana
7 Sara

3 **¿Y a ti? ¿Qué te gusta? Encuesta en la clase. ¿Cuál es la atracción favorita?**

4 **El parque de atracciones divide sus servicios en las siguientes categorías:**

Infantiles | **Familiares** | **Misterio** | **Acción** | **Vértigo**

Lúdicas (Juegos) | **Piscinas** | **Hostelería (restaurantes, cafeterías)**

Pon las atracciones en las categorías correspondientes. Ejemplo Noria: Vértigo

Ahora mira las fotos de más atracciones y servicios que ofrece el parque, con sus nombres. Clasifícalas. ¿Conoces otras atracciones?

Caballos Mecánicos

Servicios

Ajedrez

Embarcadero

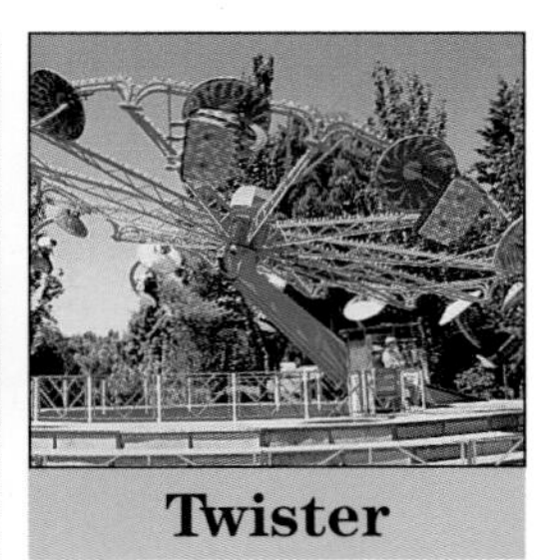

Twister

5 **Mira el mapa del parque de atracciones y comprueba si las listas corresponden con tu lista. Hay una foto de la Actividad 4 que no se menciona en la lista. ¿Cuál es?**

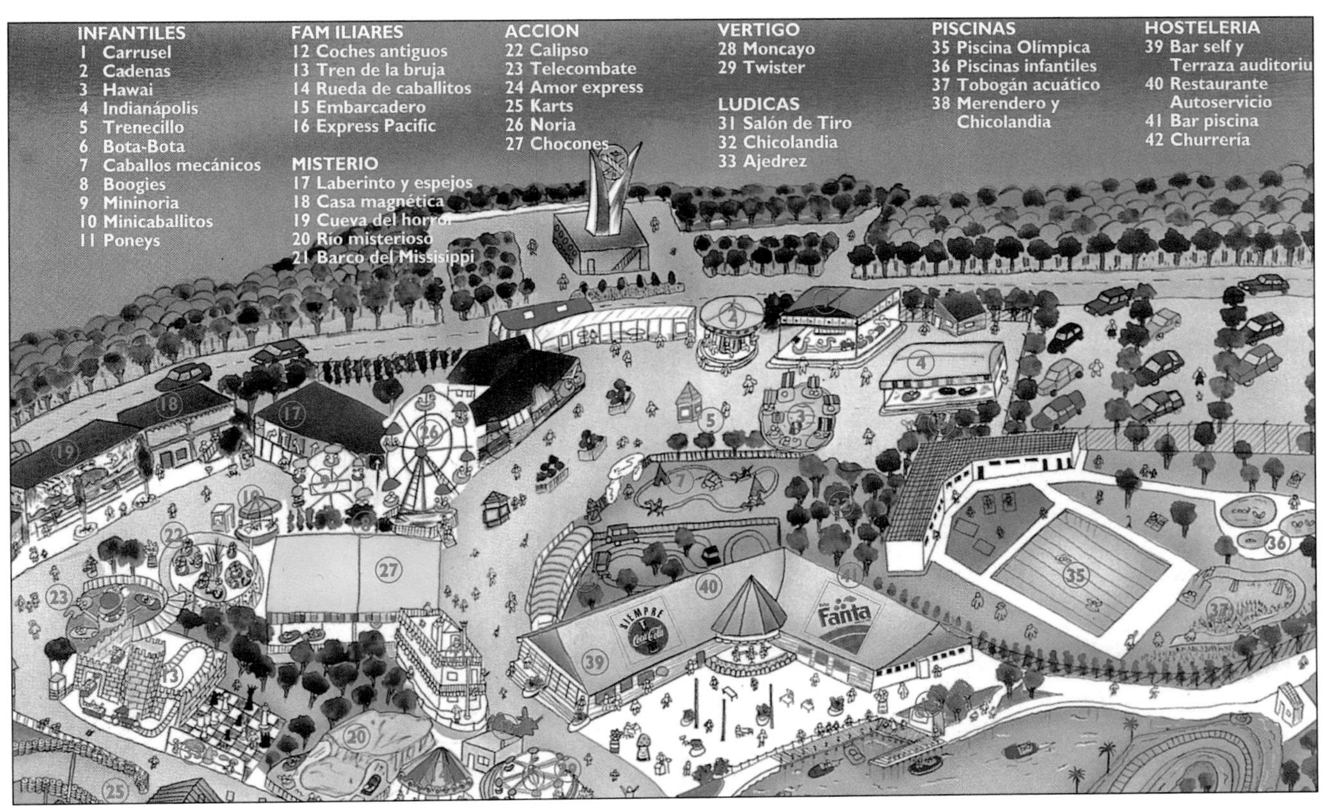

6 **Practica diálogos como éste con tus compañeros/as:**

Estudiante A: ¿Quieres montar en los caballitos?
Estudiante B: No, no me gustan los caballitos. Prefiero montar en los autos de choque.

B Las entradas

7  **Escucha a Tessa que compra las entradas. Contesta las preguntas. ¿Cuántas quiere? ¿Qué tipo de entrada van a comprar los amigos para el parque? ¿Por qué? ¿Cuánto cuestan las pulseras en total? Lee la información de la foto. ¿Cuánto puedes comprender?**

Ahora haz diálogos como el de Tessa. Compra entradas.

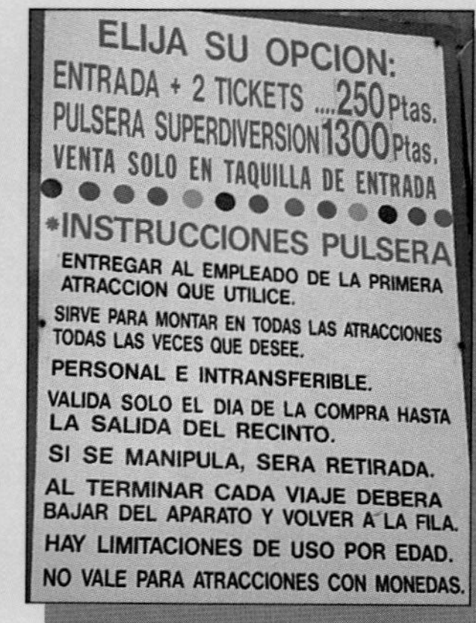

¡Atención!

montar en (una atracción)
= to go on a (ride/attraction)
subir a/en (una atracción)
= to go on a (ride/attraction)
atracción = ride/attraction
pulsera = bracelet
fila = queue
(día) laborable = working day
(día) festivo = holiday

C ¿Dónde montamos?

8  **Escucha a Tatiana y Jaime que deciden dónde montar. Al final montan en las barcas. Pero ... ¿y las otras atracciones? Marca con una ✓ las que les gustan y pon una 'X' en las que no les gustan. Completa el cuadro.**

Jaime					
Tatiana					

9  **Escucha otra vez e indica qué palabras y frases usan Tatiana y Jaime para describir cada atracción. Une las dos listas.**

a la Noria **b** los Autos de choque **c** los Caballitos **d** las Barcas **e** la Montaña Rusa

Ejemplo a6 La noria (es muy alta).

1 Es fabulosa.
2 Son emocionantes.
3 Son peligrosos.
4 Son fantásticos.
5 Son muy aburridos.
6 Es muy alta.
7 Es demasiado rápida.
8 La música es divertida
9 Son divertidas.
10 Van muy despacio.

¿Qué atracción les causa las siguientes sensaciones? ¿A Jaime o a Tatiana?

1 Me encanta
2 Me mareo
3 Los odio
4 Tengo vértigo
5 Yo grito muchísimo
6 ¡Qué miedo!

10  **Con un compañero/a habla de las atracciones y di por qué te gustan y por qué no. Usa las razones de la Actividad 9.**

¡Atención!

Ni hablar = Don't even think about it.
¡Qué tonto/a (eres)! = You're so silly!
¡Qué pesado! = What a pain you are!
¡Qué miedo! = How scary!
Vale = OK.
Sois muy brutos = You're very rough/stupid.
me mareo = I feel sick
me encanta = I really like
los odio = I hate them
yo grito muchísimo = I scream a lot

Pronunciación

La '**e**' al principio de una palabra, seguida de '**s**', se pronuncia claramente.
Escucha cómo se pronuncian estas palabras en español y compáralas con su equivalente en inglés:
español, estación, espíritu, espacio, especial

11  **Trabaja con un grupo de compañeros/as. Describid un parque de atracciones que conocéis. ¿Tenéis fotos? Haced un plano y un póster para vuestros amigos.**

Aventura Semanal

El parque de atracciones

Este domingo yo iré
con mis amigas y amigos
iré al parque de atracciones
y en todo yo montaré.

¡Ya sabes!

El parque de atracciones
Los caballitos, la montaña rusa, etc.
¿Cuál es tu atracción favorita?
¿Quieres montar en los caballitos?
No, no me gustan los caballitos. Prefiero montar en los autos de choque.
Lo noria es fabulosa, emocionante, peligrosa, fantástica.
Los caballitos son aburridos, divertidos.

LECCIÓN 27

Un fin de semana especial

OBJETIVOS

- *Decir qué hiciste el fin de semana.*
- *Hablar del pasado.*

A ¿A dónde fuiste el fin de semana?

1 Raúl y Tessa hablan del fin de semana. Pon los dibujos en el orden en que los menciona Raúl. ¿A dónde fue Tessa?

2 Lee el diálogo y completa los espacios en blanco. Después escucha el diálogo y comprueba.

Tessa: ¿A dónde ____(1)_____ el fin de semana, Raúl?
Raúl: _____(2)______ al parque de atracciones.
Tessa: ¡Ah, qué bien! Yo __(3)___ el mes pasado. Y ¿dónde _____(4)_______?
Raúl: _____(5)_____ en todo ... en el laberinto, en los autos de choque, monté en la montaña rusa, fui a los espejos, al barco del Mississipi ... ¡También ______(6)____ en los caballitos!
Tessa: ¿______(7)____ en la noria?
Raúl: Sí, ______(8)_____ en la noria y en los Karts ... ¡Es un parque estupendo! ¿Y tú, a dónde _____(9)_______?
Tessa: _____(10)_______ a Port Aventura. Es un parque temático, bueno, también es un parque de atracciones, pero más grande. Y está muy cerca de la playa. ¡Es fantástico!
Raúl: Sí, yo quiero ir. ¿Cómo es?
Tessa: Pues es ...

3 Haz un diálogo similar con tu compañero/a. Pregunta: ¿A dónde fuiste? ¿Dónde montaste? Tu compañero/a contesta con esta información.

Parque Sol y Sombra
Atracciones:
✓ noria, autos de choque, montaña rusa, laberinto
✗ caballitos, karts, piscina, espejos

¡Atención!

ayer = yesterday
el fin de semana = the weekend
el mes pasado = last month
la semana pasada = last week

Pretérito indefinido: verbos en -ar (1ª, 2ª y 3ª persona singular)
montar: yo monté; tú montaste; él/ella montó
visitar: yo visité; tú visitaste; él/ella visitó

157

Pronunciación

La primera y tercera personas del singular del pretérito se pronuncian con la fuerza en la última sílaba (en este caso vocal) y llevan siempre acento:
Escucha y repite:
monté, montó visité, visitó
entré, entró cené, cenó

B Fui a Port Aventura

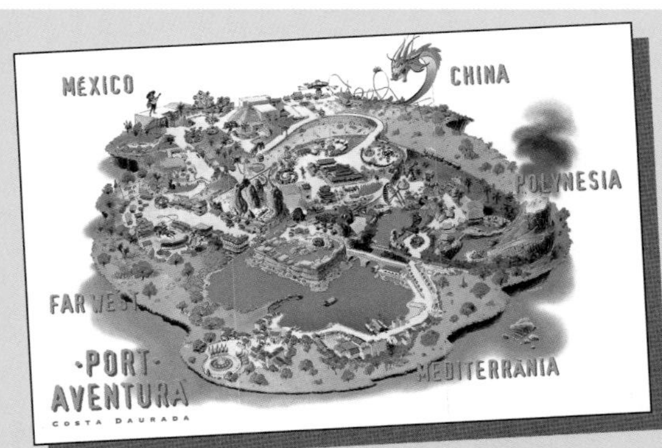

4  **Tessa fue a Port Aventura. Escucha lo que dice. Mira el mapa y escribe las áreas en el orden en que las menciona Tessa.**

¿Cuáles son las atracciones que prefiere Tessa? ¿En qué zona están?

5 **Lee el folleto de propaganda de Port Aventura y busca información sobre el parque.**

Port Aventura: La aventura inolvidable

Inaugurado el 1 de mayo de 1995, Port Aventura es el primer parque temático de España. Está en Salou, en el noreste de España, en la costa mediterránea. Está a diez kilómetros de Tarragona y solamente a una hora de Barcelona. Es el parque más caluroso de Europa, especialmente en verano, ¡claro!, por eso en muchas atracciones el agua es un elemento esencial.

Hay más de 152 artistas de varias nacionalidades: chinas, maoríes, mexicanas, españolas, y otras, que participan en los espectáculos. También hay muchos otros artistas, más de cincuenta, que trabajan en las calles y animan a la gente a divertirse.

Port Aventura es un parque familiar; los niños y adolescentes son el centro de la visita. Los grupos de adolescentes son los más activos visitantes del parque. En verano está abierto desde las diez de la mañana hasta las doce de la noche.

6 **Juego.**

Mira el Mapa de Port Aventura y juega con tus compañeros/as. Usad un dado y una ficha cada uno. Tira el dado y mueve la ficha. Hay 15 números. Seis son **Atracciones** y cinco son **Visitas** a espectáculos o lugares. El número 1 es el Tutuki splash o la entrada. El número 15 es la estación o salida. Tres son **agua**. Atención, si caes en el agua, tienes que volver a empezar. ¡Ah! y sólo puedes seguir adelante si dices esto:

Atracción: 'Ayer fui a Port Aventura. Fui a la Polynesia (o el área en que está la atracción)'. 'Monté en el Dragón Kahn. Es fabuloso (o estupendo/fenomenal ...)'.
Visita: 'Ayer fui a Port Aventura'. 'Fui a México y visité el Gran Teatro Maya. Es fabuloso (o estupendo/fenomenal ...)'.

Si no lo dices tienes que volver al número donde estabas y estudiar la frase para la próxima vez. El primero que llega a la estación gana.

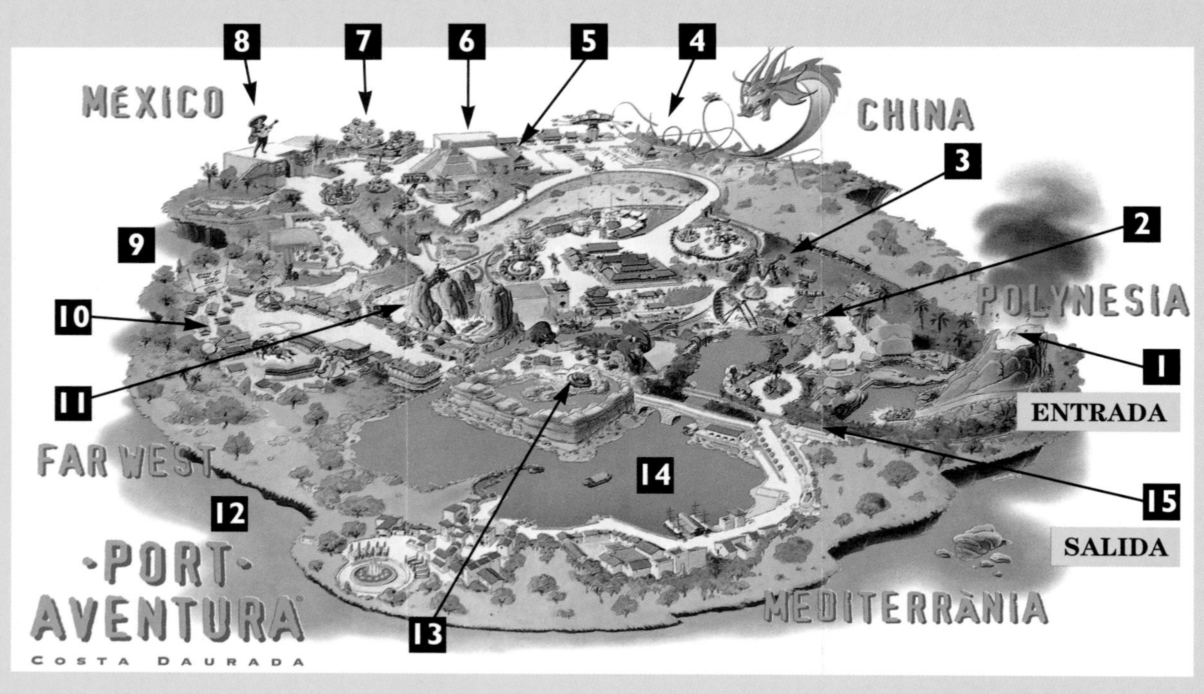

1 Tutuki Splash (A) (ENTRADA)
2 Polynesia Show (V)
3 Tifón (A)
4 Dragón Khan (A)
5 Gran Teatro Imperial (V)
6 La Pirámide Maya (V)
7 Loco-Loco Tiki (A)
8 Los Mariachis (V)
9 AGUA
10 Country Music (V)
11 Silver River Flume (A)
12 AGUA
13 Grand Canyon Rapids (A)
14 AGUA
15 Estación (SALIDA)

(A) = Atracción
(V) = Visita

C Monté en el Dragón Khan

7  **Ayer fuiste a Port Aventura. Escribe una postal a tu amigo/a y di lo que hiciste ayer. Te damos el programa. Usa los verbos en el pasado.**

VISITA A PORT AVENTURA

Por la mañana ...

1 Desayunar en el hotel
2 Entrar al parque a las diez
3 Ir a la Zona China
4 Montar en el Dragón Khan
5 Ir al Far West
6 Entrar en el Saloon
7 Tomar un zumo de naranja y un bocadillo

Por la tarde ...

8 Visitar la Pirámide Maya
9 Montar en la Mina del Diablo
10 Comprar regalos
11 Ir al hotel
12 Nadar en la piscina del hotel
13 Cenar en el hotel
14 Ir a la cama muy cansado/a

8  **Tessa hizo las mismas cosas que tú y ahora habla con su madre por teléfono. Escucha la conversación y comprueba. Después habla tú: llama a tu madre por teléfono y cuéntale lo mismo que Tessa. Usa el diario como ayuda.**

9  **¿Conoces tú un parque similar? Habla con tu compañero/a. Después escribe una carta a tu amigo/a español/a sobre un parque que conoces (o que inventas).**

10  **En grupo. Diseña un parque temático. Elige áreas, atracciones y espectáculos. Dibuja un mapa y un póster y prepara la propaganda: describe y dibuja las atracciones y los espectáculos. Prepara un párrafo para hablar sobre el parque por la radio o la televisión.**

¡Atención!

¿Qué hiciste? = What did you do?
¿Qué hizo? = What did he/she do?

Aventura Semanal – ¿Sabes?

En España son muy populares los parques acuáticos, especialmente en verano cuando hace mucho calor. Hay muchos parques de este tipo en toda España, especialmente cerca de las playas. Uno de los más grandes y famosos es el 'Acuapark Salou' que está muy cerca de Port Aventura en Salou, un pueblo muy turístico y popular. El Acuapark Salou tiene grandes toboganes y piscinas. Mira las fotos del folleto: ¿Te gusta? ¡Allí no tendrás calor y te divertirás!

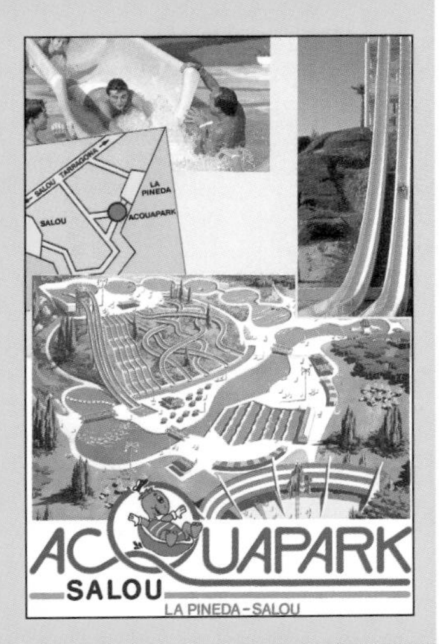

¡Ya sabes!

¡A dónde fuiste el fin de semana/el mes pasado/la semana pasada.
¿Montaste en los autos de choque?
No, yo monté en la noria.
Jaime montó en los autos de choque.

¿Qué quieres comer?

OBJETIVOS

- *Hablar de comida (ingredientes) y helados (sabores).*
- *Pedir en un restaurante.*

A La comida en el parque

1 Las amigas y amigos van a comer en el parque de atracciones. Lee el menú y une los nombres con los platos de las fotos. ¿Cuántos toman el mismo plato?

Ejemplo Paella, 3.

Escucha a Leticia que lee el menú y repite.

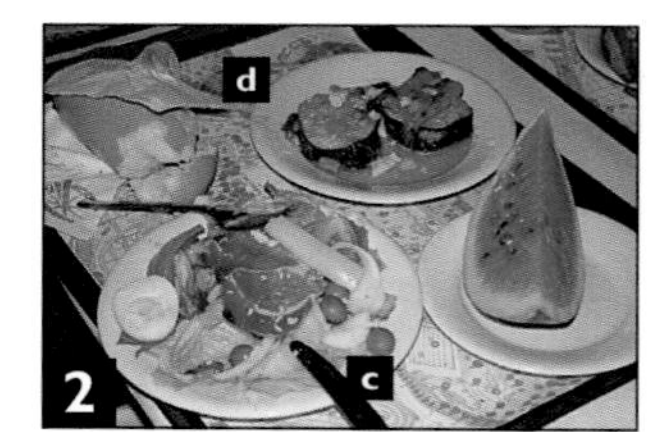

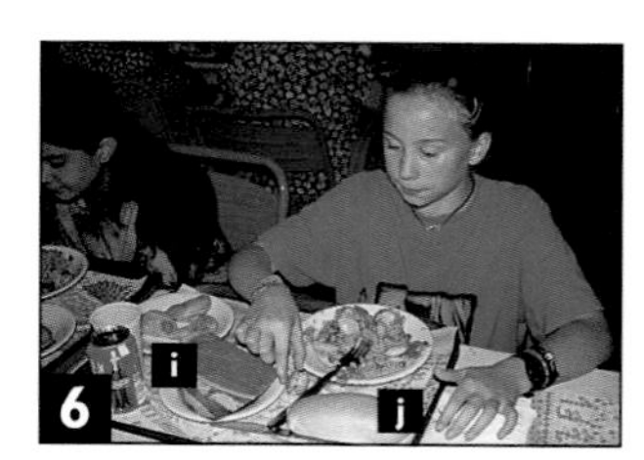

Menú

Primer Plato:
Ensalada mixta con jamón
Gambas
Paella
Canelones

Segundo Plato:
Croquetas
Empanadillas
Lomo con tomate
Pescado con salsa de tomate

Postre:
Sandía, Flan, Helado

Pan, agua y refrescos

2 ¿Qué eligen? Escucha y pon las fotos de Actividad 1 en orden.

3 Encuesta en la clase. Habla con tus compañeros/as. ¿Qué plato o menú prefieren? Y tú, ¿qué prefieres?

4 **Mira las fotos de cuatro tipos de lugares donde puedes comer. ¿Qué tipo de restaurante es cada uno? ¿Qué puedes comer en cada uno?**

B Las recetas

5 **Tessa lleva a su amiga Carol a un restaurante. Carol es irlandesa y Tessa le explica algunos platos españoles. Une las fotos con los nombres y después escribe los ingredientes de cada plato.**

Plato: 1 Ensaladilla rusa 2 Gazpacho 3 Paella 4 Empanadillas

a

b

c

d

¡Atención!

plato de la casa = speciality of the house
gazpacho = cold vegetable and tomato soup
plato combinado = single main course with accompaniment (e.g. steak and chips, sausage, egg and chips, etc

6 **Tessa le dice al camarero lo que ella y Carol quieren comer y beber. ¿Qué eligen?**

7 **Ahora estás en un restaurante con tu compañero/a y pedís lo que queréis al camarero o a la camarera, que es otro compañero/a. Haced un diálogo similar al de Tessa y el camarero.**

Camarero/a: ¿Qué quieren de primer plato?
Tú: De primer plato quiero ... etc.

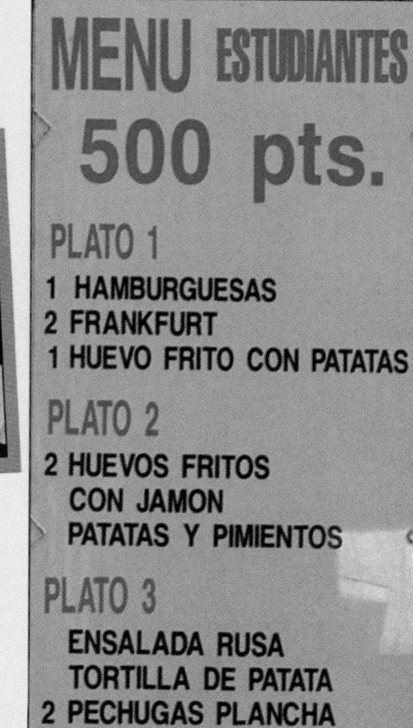

8 **Tú prefieres el menú de estudiantes, que es muy barato, pero eres vegetariano/a: ¿Qué plato puedes comer? Si quieres un plato sin carne, ¿qué ingredientes no puedes comer en cada plato?**

C Un helado, por favor

9 **Los chicos y chicas van a comprar un helado. Mira los tipos de helado y adivina de qué sabores son por su color. Escucha a Tessa que le pregunta a la heladera y comprueba. ¿Qué helado elige Tessa?**

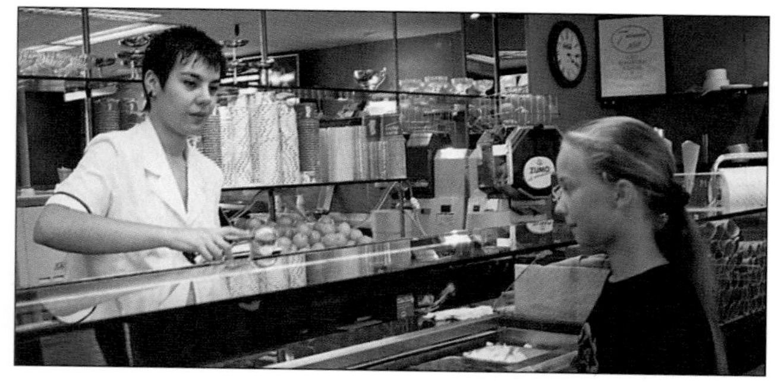

Mira la foto con otros sabores ¿Qué sabor prefieres tú?

Con tu compañero/a haz un diálogo similar al de Tessa. Compra helados para ti y dos amigos/as.

10 Otras clases de helado. Lee y escucha.

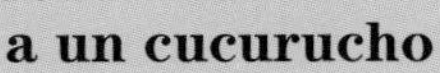
a un cucurucho

b un polo

c un vasito (tarrina)

d una copa

e un bombón

f un corte

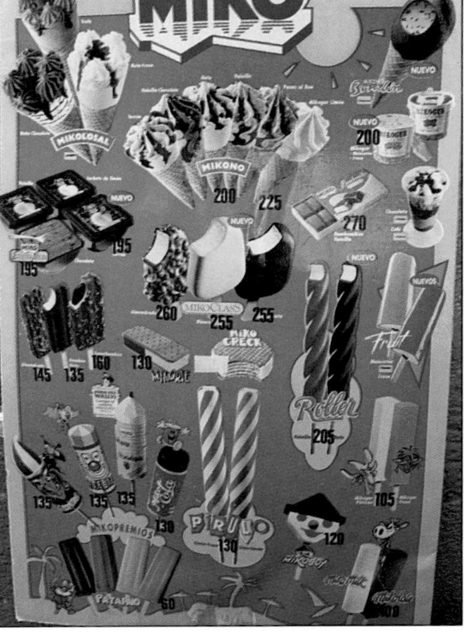

Mira la foto y di cuántos hay: polos, vasitos, copas, cucuruchos, cortes, bombones.

Encuesta en la clase: Pregunta a tus compañeros qué helado prefieren. ¿Qué sabor es el más popular?

11 Lee y escucha lo que dicen estos chicos y chicas. Completa los globos.

Aventura Semanal

¿Qué van a tomar?

Buenas tardes, buenas tardes
¿qué van a tomar?
Buenas tardes, buenas tardes
¿qué van a tomar?

La canción

¡Ya sabes!

el menú, el primer plato, el segundo plato, el postre, la ensalada, las gambas, la paella, los canelones, las croquetas, las empanadillas, el lomo, el pescado, la salsa, la sandía, el flan, el helado.
Las clases de helado: un cucurucho, un polo, un vasito, una copa, un bombón, un corte.
Los sabores: de chocolate, vainilla, limón, fresa, nata.

Fui al zoo

OBJETIVOS

- ***Hablar de lo que hiciste el fin de semana.***
- ***Hablar de animales.***

A Fui al zoo

1 **Escucha a Tessa que habla con Francisco de lo que hizo el fin de semana. Pon las fotos en el orden en que las menciona.**

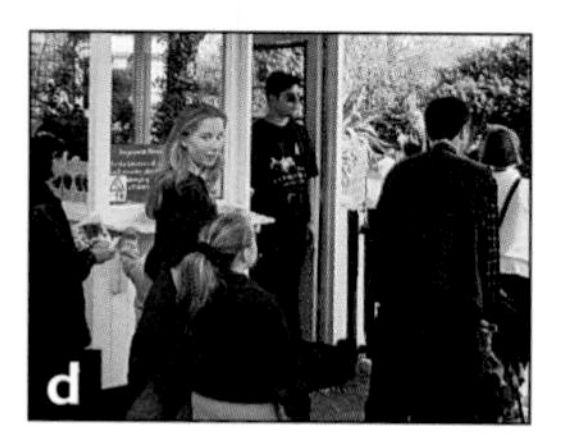

2 **Completa la postal de Tessa.**

Hola,
El fin de semana _____ al zoo. _____ muchos animales. _____ en el restaurante del zoo y _____ un refresco.
Un beso, Tessa.

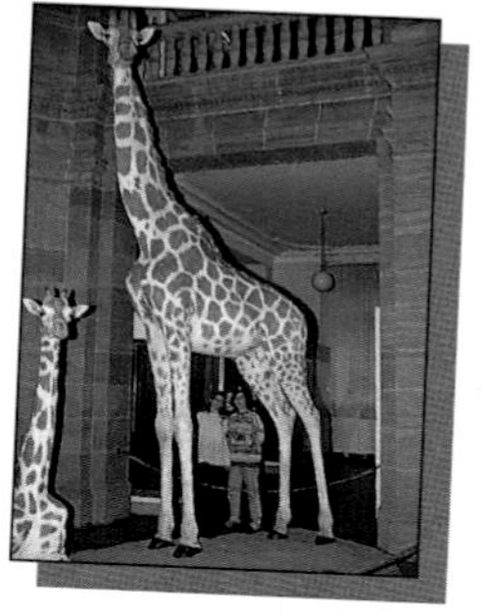

3 **Escribe frases: ¿Qué hiciste el fin de semana? Usa los verbos: ver, beber, salir con amigos, comer, dormir, escribir.**

Ejemplo Vi la televisión.

4 **Señala un dibujo de Actividad 3 y pregunta a tu compañero/a: ¿Qué hiciste el fin de semana? Tu compañero/a contesta: Vi la televisión. ¿Y tú? ¿Qué hiciste?**

B Vi muchos animales

5 **Escucha los nombres de los animales y pon los dibujos en el orden en que los mencionan los chicos y chicas.**

a elefante 
d serpiente 
e mono
f tiburón 
b orangután 
g león 
h jirafa 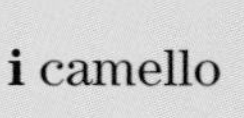
i camello 
c pingüino 
j tigre
k cocodrilo 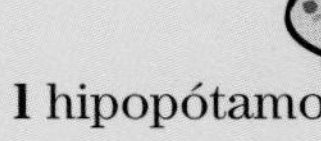
l hipopótamo 

6 **Tessa vio muchos animales en el zoo. Escribe una lista de los animales que crees que Tessa vio. Escribe los nombres de los animales en plural. Después escucha a Tessa y marca con una ✔ los que menciona y con una 'X' los que no menciona.**

Pronunciación

Fíjate cómo se pronuncian estas palabras: jirafa; orangután; elefante; camello; pingüino, hipopótamo; león; cocodrilo

Nota la differencia de pronunciación entre *crocodile* y cocodrilo. ¿Dónde se pone la 'r'?

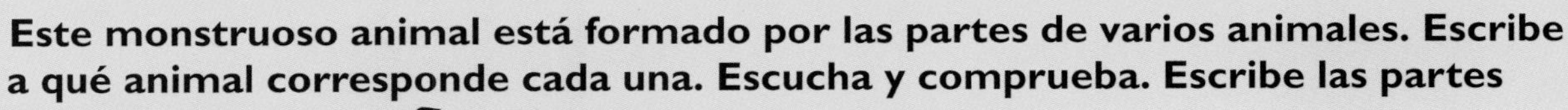

7 **Este monstruoso animal está formado por las partes de varios animales. Escribe a qué animal corresponde cada una. Escucha y comprueba. Escribe las partes que faltan.**

la cabeza
la trompa
las patas
el cuello
el cuerpo
las alas
los brazos
la cola
el pico

El pretérito indefinido de verbos en -er, -ir (1^a, 2^a y 3ª personas singular)
comer: yo comí, tú comiste, él/ella comió
ver: vi, viste, vio salir: salí, saliste, salió

157

Ejemplo La trompa es del elefante.

8 **Mira los dibujos de animales de Actividad 5 y di qué animal (o animales) ...**

1 ... es el más grande.
2 ... pesa más.
3 ... tiene el cuello más largo.
4 ... tiene las patas muy cortas.
5 ... tiene alas.
6 ... vive en Africa.
7 ... vive en los árboles.
8 ... vive en Asia.
9 ... vive en el agua.
10 ... es más similar a los humanos.
11 ... no tiene patas.
12 ... es peligroso para los humanos.
13 ... vive en el desierto.
14 ... vive en el hielo.

C Animales salvajes de España

9 **Lee las descripciones de varios animales que hay en España y escribe una ficha para cada uno.**

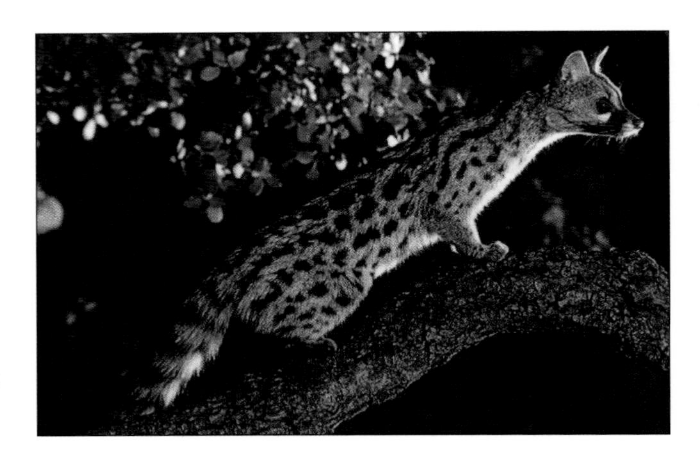

1 La Gineta, el gato árabe, llegó a España hace 1.000 años. Es un animal carnívoro, muy bonito, de ojos grandes. Mide unos 90 centímetros de largo. Es de color claro con manchas negras y tiene una cola larga. Es un animal muy elegante. Es nocturno, solitario y silencioso. Vive en los bosques en toda España, pero no le gusta el frío. Come ratones, insectos, reptiles y también frutas y vegetales.

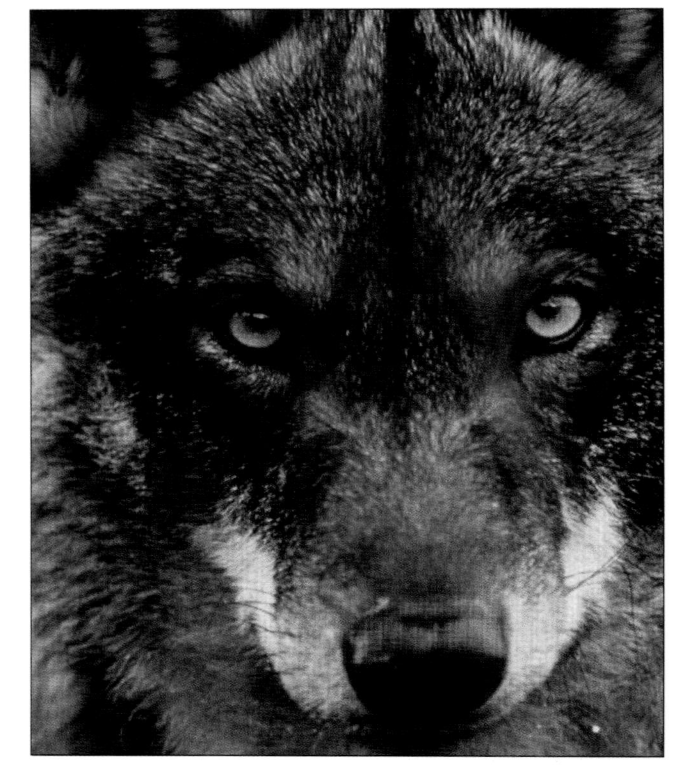

2 El Lobo vive en el noroeste y el suroeste de España principalmente. Es similar a un perro, pero más grande. Tiene las patas largas y fuertes. Pesa entre 25 y 50 kgs y mide de 130 a 135 cms de largo. Hay unos 2.000 lobos en España. Le gusta la carne y ataca a los rebaños de ovejas.

3 El Oso pardo pesa entre los 80 y 300 kgs y mide entre 170 y 250 cms de largo. Vive en los bosques, en las montañas del norte de España: Los Pirineos y Los Picos de Europa. Hay muy pocos; el oso es un animal en peligro de extinción. Sólo hay unos 70. Comen de todo: frutos, huevos, ¡y les gusta la miel!

Nombre: ....
Color: ....
Número de patas: ....
Tamaño y peso (kilogramos): ....
Mide (alto o largo) (metros o cms): ....
Come: ....
Vive en ....: ....
Otros detalles: ....

¡no escribas aquí!

10 **Dos juegos en grupo.**

1 Describe a un animal. Tus compañeros/as adivinan qué animal es.

2 Tú piensas en un animal y tus compañeros/as te hacen preguntas para adivinar qué animal es.

11 **En grupo preparad un mapa y fotos o dibujos de animales de vuestro país/países, o si queréis podéis elegir un país diferente. Preparad fichas como las de Actividad 9 y haced un póster.**

Aventura Semanal

Palabras curiosas: "Galápago" en español quiere decir "tortuga gigante". Por eso las Islas Galápagos, que están en el oeste de Sudamérica, en el Pacífico, enfrente de Ecuador se llaman así, porque tienen tortugas gigantes.

'Alligator' viene de la palabra española 'el lagarto' que en inglés quiere decir 'lizard'. En español 'alligator' se llama caimán y a veces se le llama cocodrilo. Hay muchos cocodrilos en América Central y América del Sur.

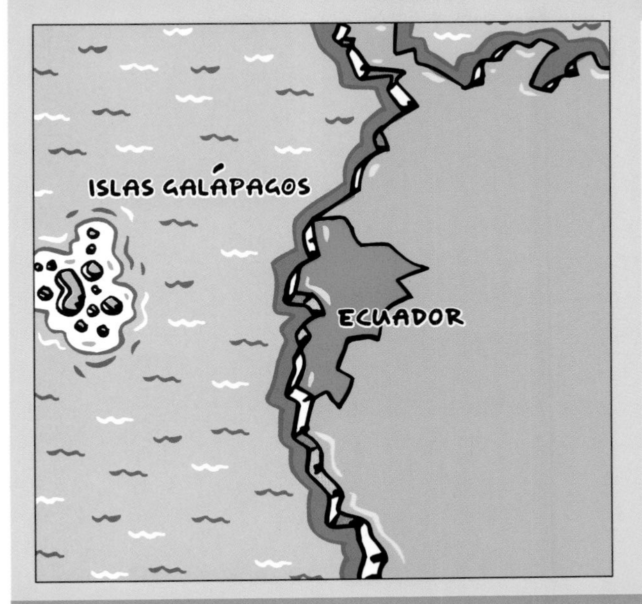

¡Ya sabes!

El fin de semana fui al zoo.
Comí en el restaurante.
Bebí un refresco.
¿Qué hiciste el fin de semana?
Salí con mis amigos.
Vi la televisión.
Vi muchos animales.
Vi un elefante, un orangután, un pingüino, un serpiente, un mono, un tiburón, un león, una jirafa, un camello, un tigre, un cocodrilo, un hipopótamo.

30 De fiesta en fiesta

OBJETIVO

- *Hablar de las fiestas de pueblos o ciudades españoles e hispanoamericanos.*

A Fiestas famosas españolas

1 **Escucha a la empleada de una oficina de turismo española que habla sobre las fiestas más famosas en España.**
Mira las fotos y ponlas en el orden en que las menciona.

Después escribe las fechas en que se celebran.

a El Rocío (Huelva)

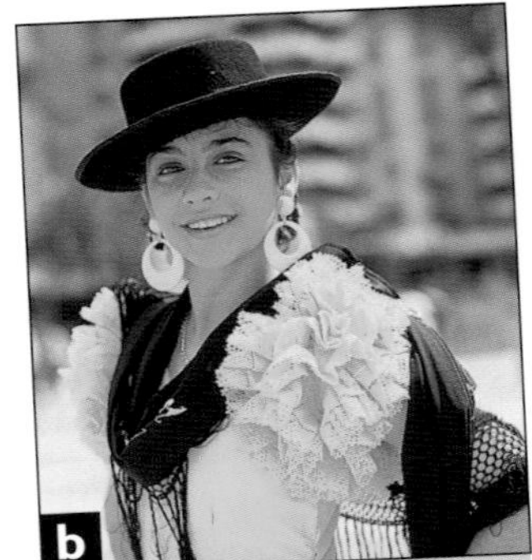

b La Feria de Abril (Sevilla)

c San Fermín (Pamplona)

d La Merced (Barcelona)

e San Isidro (Madrid)

f Las Fallas (Valencia)

g El Pilar (Zaragoza)

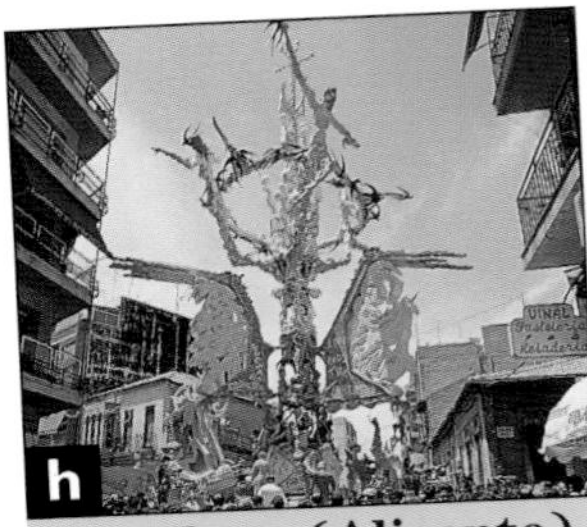

h San Juan (Alicante)

B Fiestas curiosas

2 **En España hay otras fiestas muy curiosas. En estas fiestas hay actividades muy especiales. Mira las fotos, lee los textos y di a qué fiesta vas si quieres ...**

1 ... ver una carrera de barcas.
2 ... tirar tomates a otras personas.
3 ... ver ropas muy bonitas.
4 ... ver a unas personas que andan sobre el fuego.
5 ... ver a muchas personas que van en barco, en procesión.

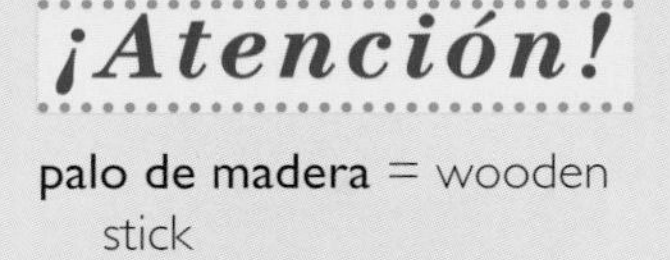

palo de madera = wooden stick
barco = boat
barca = rowing boat
fuego = fire
procesión = procession, parade

a

En el pueblo de Ansó, que está en el Pirineo aragonés, en la provincia de Huesca, se celebra el último día de agosto el Día de Exaltación del Traje Ansotano, que es el traje típico de la zona, de origen muy antiguo.

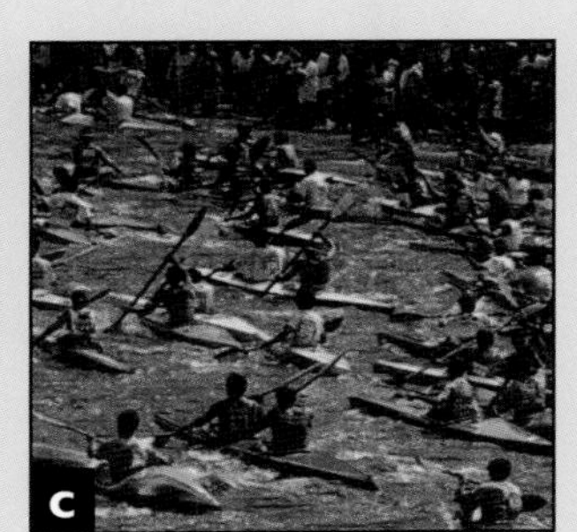

c

El primer sábado de agosto se celebra la Fiesta de las Piraguas con el descenso del río Sella. Es una regata de dieciocho kilómetros entre las ciudades de Arriondas y Ribadesella, en Asturias.

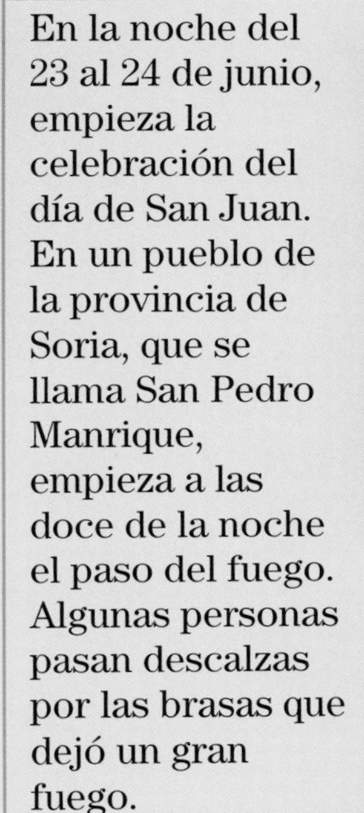

En la noche del 23 al 24 de junio, empieza la celebración del día de San Juan. En un pueblo de la provincia de Soria, que se llama San Pedro Manrique, empieza a las doce de la noche el paso del fuego. Algunas personas pasan descalzas por las brasas que dejó un gran fuego.

d

e

El último miércoles de agosto se celebran las fiestas de San Luis Beltrán en Buñol. En esta fiesta se celebra un famoso y extraño acto, la Tomatina, que es una batalla de tomates. Todos, la gente del pueblo y los visitantes también, se tiran miles de kilos de tomates unos a otros.

b

La ciudad de Santurtzi en Bizkaia celebra una procesión en honor a la Virgen del Carmen. La Virgen va en una barca y muchas personas van con ella en otras barcas.

C Las fiestas en México

3  **Escucha a Axayàcatl que habla de una de las fiestas más populares de México: El Día de los Muertos. Di si estas afirmaciones son verdad o mentira.**

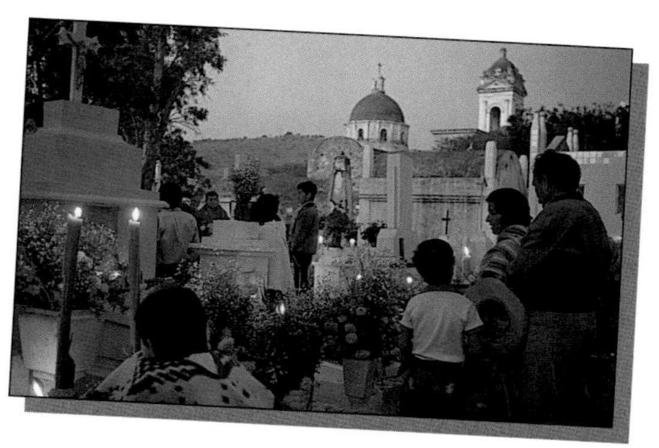

1 La fiesta de los Muertos se celebra los días 1 y 2 de diciembre.
2 Es una celebración de origen muy antiguo.
3 La gente visita los cementerios.
4 Es una fiesta triste.
5 La familia prepara comida para la persona muerta.

Ahora contesta estas preguntas:

1 ¿Qué regalos se dan los amigos?
2 ¿Además de comida, qué otras ofrendas prepara la familia para los muertos?
3 ¿Por qué se ponen velas?
4 ¿En estos días se come algo especial, ¿qué es?
5 Mixquic es un pueblo famoso por su celebración del día de los Muertos. ¿Dónde está y qué haces si vas allí para la fiesta?
6 La isla de Janitzio tiene también una celebración especial. ¿Cómo es? ¿Dónde está la isla?

4  **Oaxaca es una ciudad mexicana muy importante que está en el sur de México. En esta ciudad se celebran muchas fiestas y muy importantes. La fiesta más grande es la Guelaguetza.**

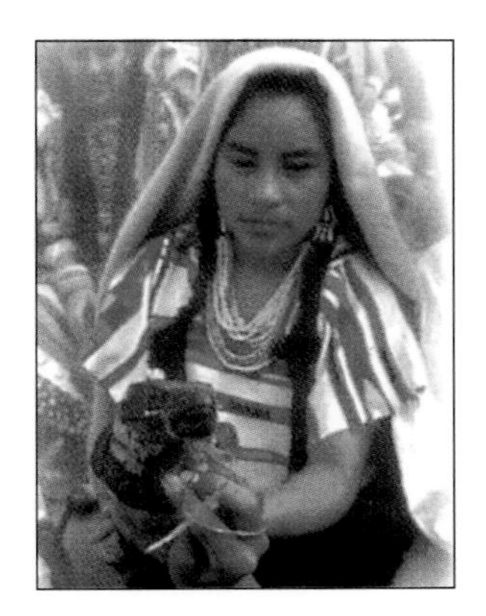

"Guelaguetza" es una palabra indígena zapoteca que significa "regalo", "ofrenda mutua" en español. Es el acto más importante de la fiesta que se llama los "Lunes del Cerro". Esta fiesta se celebra los dos lunes siguientes al 16 de julio. Grupos representantes de las siete regiones del Estado van a la capital y celebran la fiesta con fabulosos espectáculos de música, danza y cantos. Al final estos grupos regalan al público los productos y objetos típicos de sus regiones. Cada grupo lleva las ropas típicas de su región.

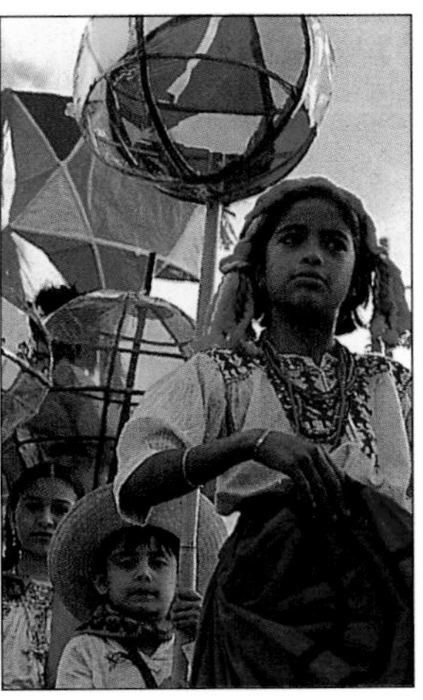

La fiesta tiene su origen en celebraciones de los tiempos prehispánicos en honor a Centeótl, la diosa del maíz. Esta fiesta es una de las más espectaculares de toda América y en ella se elige a la representante de la diosa Centeótl que tiene que ser la mujer que más conoce las tradiciones de su pueblo. También se representa la leyenda de la princesa zapoteca Donají y su amado, el príncipe mixteca "Nucano". En la lucha entre los zapotecas y los mixtecas, la princesa renunció a su amor por Nucano y murió para salvar a su pueblo.

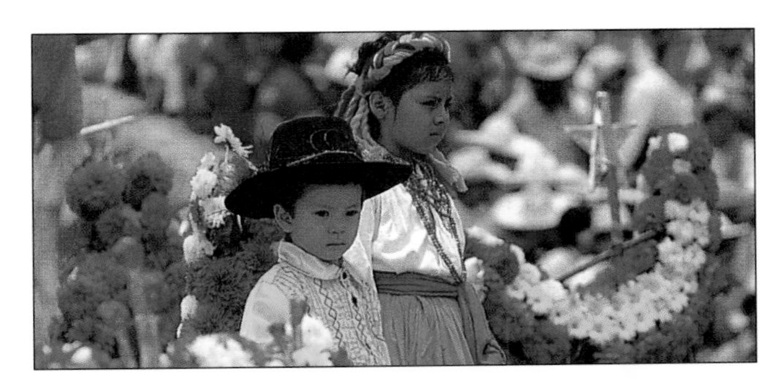

¡Ya sabes!

Vocabulario de las fiestas: carrera de barcos, descalzo/a, espectáculo, procesión, regata, traje/ropa típico/a, tirar, regalar, celebrarse

Aventura Semanal

Y para terminar la fiesta vamos a cantar una canción popular de despedida.

Adiós con el corazón

Adiós con el corazón
que con el alma no puedo,
al despedirme de ti
al despedirme me muero.

Tú serás el bien de mi vida.
Tú serás el bien de mi alma.
Tú serás el pájaro pinto
que alegre canta por las mañanas.

Adiós con el corazón
que con el alma no puedo,
al despedirme de ti
al despedirme me muero.

En serio ...

Autoevaluación

1 Di cómo se llaman seis atracciones.
(12 puntos)

2 Describe cada atracción con una palabra.
Ejemplo Los karts son muy divertidos.
(12 puntos)

3 Completa el diálogo. El pasado fin de semana ...
(8 puntos)

1 ¿A dónde _____ el fin de semana?
2 ____ al parque de atracciones.
3 ¿Dónde ____?
4 ____ en la Noria.

4 ¿Qué hiciste ayer? Escribe estas frases en el pasado.
Ejemplo Ayer fui al Port Aventura.
(20 puntos)

¡no escribas aquí!

1 Desayunar en casa.
2 Ir al parque a las diez.
3 Montar en la Montaña Rusa.
4 Visitar la Cueva del Terror.
5 Entrar en el bar.
6 Tomar un zumo de naranja.
7 Nadar en la piscina del parque.
8 Comprar un helado.
9 Cenar en casa de una amiga.
10 Jugar a las cartas con mi amiga.

5 Di los nombres de seis platos.
(12 puntos)

6 Completa esta frase.
(8 puntos)

Francisco: ¿Qué hiciste ayer?
Tú: _____ al zoo, _____ muchos animales, ______ en el restaurante del zoo y ____ un refresco.

7 Completa el diálogo en el restaurante.
(10 puntos)

Camarero: ¿Qué quiere comer?
Tú: De _______ un gazpacho y de ______ pescado con tomate.
Camarero: ¿Qué quiere beber?
Tú : _____ mí, un zumo de naranja.
Camarero: ¿Quiere ______?
Tú: Sí, un helado.
Camarero: ¿Quiere algo más?
Tú: No, gracias. La _______, por favor.

8 Escribe frases: ¿Qué hiciste ayer? Usa los dibujos.
(8 puntos)

1 2 3 4

9 Mira estos animales. ¿Sabes sus nombres? (10 puntos)

1 2 3 4
5 6 7
8 9 10

Total = /100

... y en broma

1 Lee el cómic de Garfield.

¿Qué quiere comer Garfield?
¿Qué es lo que no quiere comer?

2 ¿Puedes hacer este 'test de conocimientos' (= quiz) sobre Port Aventura? Completa los espacios en blanco con el área correspondiente. Si prefieres leer el folleto primero, puedes hacerlo.

1 Hay casas blancas y con flores en ____.
2 Tomas el tren de vapor en _____.
3 _____ es un paraíso tropical.
4 Hay pájaros exóticos en ______.
5 Puedes ver fuegos artificiales en _____.
6 Hay acrobacia en ______.
7 Hay bailes en el 'Saloon' en _______.
8 El Dragón Khan está en ______.
9 Hay una gran pirámide maya en ______.
10 Los mariachis están en ______.
11 Puedes ver danzas de Hawai y Samoa en ______.
12 Comes en una Cantina en ______.
13 Hay música 'Country' en ______.
14 Hay un volcán en ______.
15 El Grand Canyon está en ______.
16 La mayoría de las tiendas e información están en ______.

Lee la segunda parte del folleto para comprobar tus respuestas.

El parque se divide en cinco áreas, que son cinco 'mundos' diferentes y fascinantes: **China, Polynesia, México, Far West y Mediterrània.**

Mediterrània es el principio de un viaje fascinante, es el puerto de un pueblo mediterráneo con casas blancas y muchas flores. Aquí está la mayoría de los servicios del parque: tiendas, información. En esta zona puedes tomar el tren de vapor para ir a las otras áreas, pero también puedes ir a pie.

Polynesia es el paraíso tropical con islas, palmeras y playas. Puedes visitar los más exóticos espectáculos de danzas típicas, como el Polynesia Show y ver pájaros exóticos. Si te gustan las emociones fuertes puedes ir en el Tifón o el Tutuki Splash, donde bajas un volcán a gran velocidad.

En **China** puedes ver fuegos artificiales, circo, magia y acrobacia china en el Gran Teatro Imperial. Aquí está la Muralla China y el famoso Dragón Kahn, sólo para valientes y aventureros. El Dragón Kahn es la montaña rusa más grande de Europa. Tiene una bajada a 110 kilómetros por hora, 45 metros de largo y los visitantes viajan boca abajo hasta ocho veces durante todo el trayecto.

En **México** hay un mundo de secretos y misterios, donde puedes conocer a los antiguos indios mayas y visitar una gran pirámide. También puedes ir al interior de una mina de plata llena de peligros y emociones: El Diablo. También hay música, los Mariachis, el ballet de México y comida mexicana en una típica Cantina.

El **Far West** te lleva al oeste americano donde puedes encontrar emociones y sorpresas. Allí está la ciudad Penitence, con su famoso 'Saloon', donde hay bailes, música country, peleas y atracos. El Grand Canyon Rapids es una de las atracciones más emocionantes del parque, donde bajas por los peligrosos rápidos del río. También puedes ir al Silver River Flume y bajar montado en un tronco.

3 Juega al Juego de la Selva.

Vamos a hacer un safari fotográfico.
Tira el dado y mueve la ficha, cuando caes en un animal que está en un país tienes que decir, por ejemplo, "Fui a Nicaragua y vi un tiburón". Si no dices la frase, el animal te come y tienes que volver a empezar.
La salida está en México. El que llegue primero a la Patagonia gana.

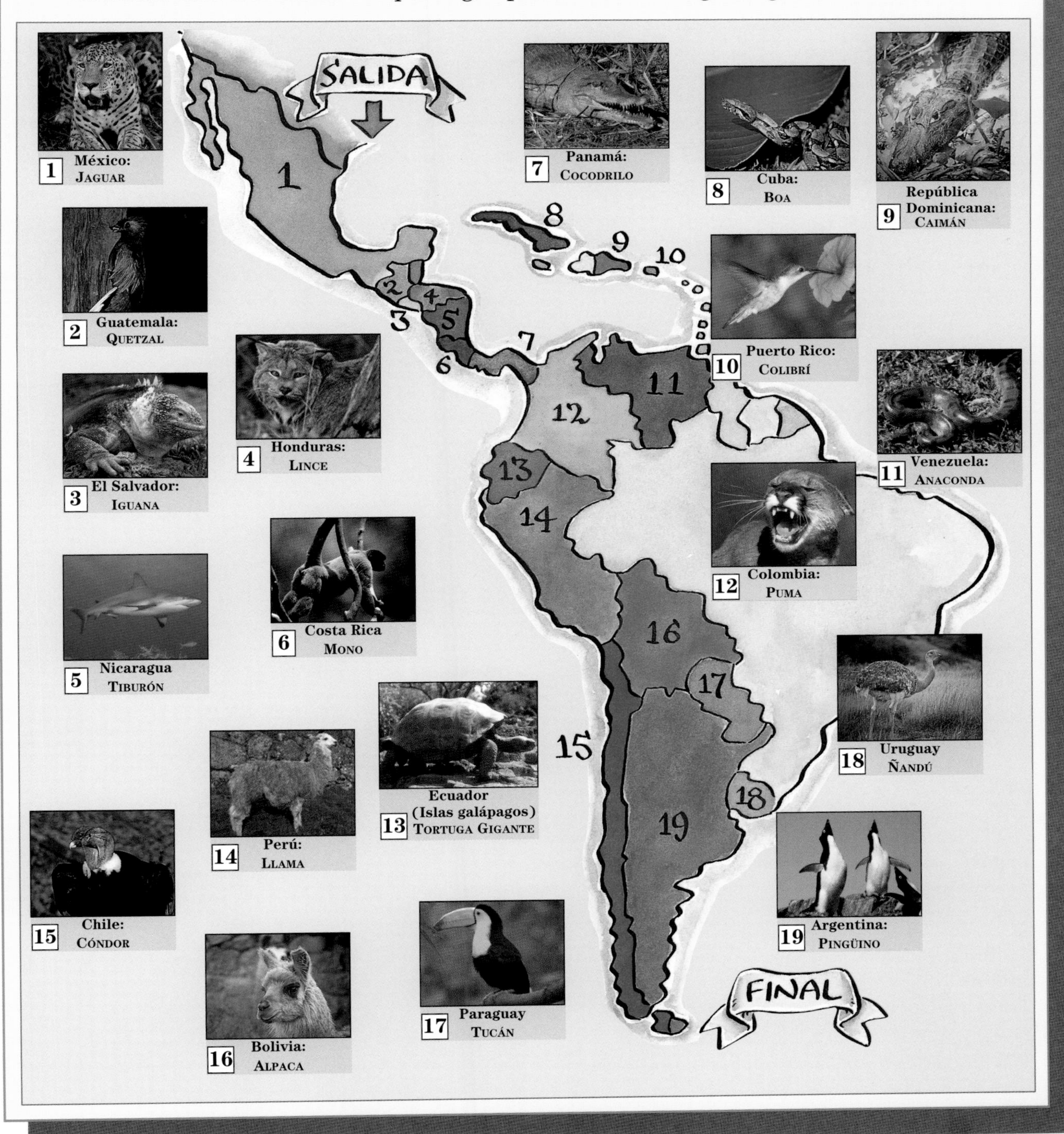

Gramática

Interrogativos | Interrogatives (questions)

Lesson 1

Cuántos/as in questions agrees in number and gender with the noun:

¿Cuánt**os** chic**os** hay?/¿Cuánt**as** chic**as** hay?
How many boys are there?/How many girls are there?

Verbos | Verbs

El Futuro | The future

Lessons 17 - 21

1 The regular form of the future is formed by adding the following endings: **-é**, **-ás**, **-á**, **-emos**, **-éis**, **-án** to the infinitive. The form is the same for all verbs.

	-ar	-er	-ir
(yo)	jugar **é**	comer **é**	escribir **é**
(tú)	jugar **ás**	comer **ás**	escribir **ás**
(él/ella/usted)	jugar **á**	comer **á**	escribir **á**
(nosotros/as)	jugar **emos**	comer **emos**	escribir **emos**
(vosotros/as)	jugar **éis**	comer **éis**	escribir **éis**
(ellos/ellas/ustedes)	jugar **án**	comer **án**	escribir **án**

For example:

Daré una fiesta.
I'll have (I'll give) a party.
Jugaré al fútbol.
I'll play football.
Iré al centro.
I'll go to the centre.

2 Two common irregular verbs:

Lesson 21

hacer	*to do/to make*	**venir**	*to come*
haré		vendré	
harás		vendrás	
hará		vendrá	
haremos		vendremos	
haréis		vendréis	
harán		vendrán	

–¿Qué harás? –Haré mis deberes.
'What will you do?' 'I'll do my homework.'

El Pasado | The Past

Lesson 27

Verbs ending in -ar:

montar	*to ride*	**visitar**	*to visit*
monté		visité	
montaste		visitaste	
montó		visitó	
montamos		visitamos	
montasteis		visitasteis	
montaron		visitaron	

Note: The first person plural is in the same form as for the present.

Verbs ending in -er & -ir have the same endings in the preterite (simple past):

Lesson 29

comer	*to eat*	**salir**	*to go out*
comí		salí	
comiste		saliste	
comió		salió	
comimos		salimos	
comisteis		salisteis	
comieron		salieron	

Los verbos irregulares | Irregular verbs

Lesson 29

Some verbs are different from the regular forms:

Lessons 25, 29

hacer	*to do/to make*	**ir**	*to go*
hice	*I did*	fui	*I went*
hiciste	*you did, etc.*	fuiste	*you went, etc.*
hizo		fue	
hicimos		fuimos	
hicisteis		fuisteis	
hicieron		fueron	

Gramática

Adverbios y expresiones de tiempo pasado
Adverbs and expressions in the past

Lesson 27

ayer, el fin de semana pasado, el mes pasado, la semana pasada

Ayer fui al mercado.
Yesterday I went to the market.
La semana pasada fui al pueblo.
Last week I went to the village.
El mes pasado fui a la montaña.
Last month I went to the mountain.
El fin de semana pasado fui a casa de mis tíos.
Last weekend I went to my uncle's house.

Construcciones verbales — Verb constructions

1 **Poder** + verb in infinitive.

Lesson 6

The verb poder is followed by the infinitive of another verb:

En la frutería puedo comprar naranjas.
In the greengrocer's I can buy oranges.

2 **Ir a** + verb in infinitive.

Lesson 9

Plan or intention for the future:

Voy a comprar un pañuelo.
I'm going to buy a handkerchief.
¿Qué vas a comprar?
What are you going to buy?

Otros verbos especiales — Other special verbs

Tardar en ...

Lesson 16

The verb **tardar** can be used to describe how long a journey takes.
Note the construction **tardar en** + infinitive: **tardar en ir/llegar**. For example:

¿Cuánto tiempo tardas en ir al instituto?
How long does it take you to get to school.
Tardo media hora en ir/llegar/venir al instituto.
It takes me an hour to go/get/come to school.

Note: **tardo** = it takes me (I take)

Gastar ... en ...

Lesson 7

Gasto mi dinero en libros y discos.
I spend my money on books and records.

Comparativos

Comparatives

Lesson 5

1 Más/Menos *Most/least*
Emphasis for likes and dislikes:

¿Qué asignaturas te gustan más/menos?
Which subjects do you like most/least?
Me gustan más/menos las matemáticas.
I like maths most/least.

Lesson 3

2 Como *Like*
Saying who or what you are like:

Soy como mi madre.
I am like my mother.

Superlativos

Superlatives

Lesson 14

The superlative is formed by **más/menos** and the article **el/la/los/las**.
Note the word order: **El juego más interesante.** (Literally 'the game most interesting.')

El juego más/menos interesante.
The most/least interesting game.
El mejor/peor juego.
The best/worst game.

Pronombres

Pronouns

Lesson 3

A Pronombre exclamativo

Pronoun used for exclamations

Qué + adjective + **es**:

¡Qué inteligente es!
She's so intelligent! (Literally, 'how intelligent she is!')

Lesson 7

B Pronombres interrogativos

Interrogative pronouns

1 **Quién** + verb:

¿Quién es?
Who is it?

2 **Quién** accompanied by a preposition:

¿Con quién compras?
Who do you go shopping with?
Compro discos con mis amigos.
I buy records with my friends.

C Pronombres personales — Personal pronouns

1 Direct object. **Lesson 10**

lo, **la** (= it)
los, **las** (= them)
Object pronouns agree with masculine/feminine and singular/plural of the object they describe:

El pañuelo: lo quiero.
The handkerchief: I want it/I'd like it.
La pulsera: la quiero.
The bracelet: I want it/I'd like it.
Los pendientes: los quiero.
The earrings: I want them/I'd like them.
Las gafas de sol: las quiero.
The sunglasses: I want them.

2 Indirect object. **Lesson 9**

The object pronouns **me/te/le** are placed before the verb:

A: ¿Qué te regalan? B: Me regalan jerseys.
A: What do they give you as a present? B: They give me sweaters.
Le regalan discos.
They give him records.

3 Indirect object (for emphasis). **Lesson 11**

To emphasise the fact that you like or dislike something or to compare your likes with someone else's likes add **a mí**, etc to **me gusta**.

a mí	me gusta la música
a ti	te
a él/ella/usted	le
a nosotros/as	nos
a vosotros/as	os
a ellos/ellas/ustedes	les

A mí me gusta la música clásica pero a él le gusta la música de salsa.
I like classical music but he likes salsa music.
No me gusta el jazz.
I don't like jazz music.
A mí me gusta mucho.
I like it a lot.

Adverbios

Adverbs

Adverbios de negación

Adverbs of negation

Lesson 5

Tampoco *Either/Neither*

No me gusta la historia tampoco. *or* Tampoco me gusta la historia.
I don't like history either.

Adverbios y expresiones de tiempo (frecuencia)

Adverbs and adverbial expressions expressing frequency

Lesson 7

The following expressions are used to describe how often you do something, for example, to go shopping:

Voy a comprar ...	*I go shopping ...*
... todos los sábados	*... every Saturday*
... generalmente los sábados	*... normally on Saturday*
... a veces	*... sometimes*
... siempre	*... always*
... muchas veces.	*... very often*

Adverbio de cantidad

Adverb of quantity

Lesson 8

Demasiado *Too ...*

The word **demasiado** can be used with an adjective as follows:

El pantalón es demasiado largo.
The trousers are too long.
La falda es demasiado corta.
The skirt is too short.
La cazadora es demasiado cara.
The jacket is too expensive.

Preposiciones

Prepositions

Descripción de material

Describing what something is made of

Lesson 10

¿**De** qué material es?
What (material) is it made of?
Una pulsera **de** plata.
A silver bracelet (literally: a bracelet of silver).
Un collar **de** madera.
A wooden necklace.

Preposiciones para expresar movimiento y distancia
Prepositions used to express movement and distances

Lesson 16

en/a, desde, hasta
Asking and explaining how you travel:

Voy en autobús/en tren/en coche.
I go by bus/by train/by car.
BUT...
Voy a pie.
I go on foot.
Voy desde mi casa hasta el instituto.
I go from my house to school.

Preposiciones en frases de tiempo
Prepositions in time phrases

Lesson 6

por/a
por la mañana
in the morning
a las 10 de la mañana
at 10 o'clock in the morning

Funciones
Functions (what an expression is used for)

Expresar acuerdo
Expressing agreement

Lesson 13

Estoy de acuerdo.
I agree.

Expresar desacuerdo
Expressing disagreement

No estoy de acuerdo.
I don't agree.

Hacer sugerencias
Make suggestions

Lesson 15

We can use the simple present instead of the future:

¿Vamos al cine?
Shall we go to the cinema? (Literally 'do we go to the cinema?')
Vamos al cine.
Let's go to the cinema.
¿Por qué no vamos al cine?
Why don't we go to the cinema?

Note: Use of **de acuerdo** as a response (or **bien**, **vale**). For example:

De acuerdo.
OK.

Expresar sensaciones como sed, frío, hambre, etc.
Expressing sensations like thirst, cold, hunger etc.

Lesson 19

Note: We use **tener** (to have) instead of the verb to be: **tener + hambre**, **sed**, etc. (Literally: 'do you have thirst?') For example:

tener sed/hambre/frío/calor/miedo
to be thirsty/hungry/cold/hot/afraid
¿Tienes sed/hambre/frío/calor/miedo?
Are you thirsty/hungry/cold/hot/afraid?
Tengo sed/hambre/frío/calor/miedo.
I'm thirsty/hungry/cold/hot/frightened.

Expresar lo que quieres hacer — Expressing what you feel like doing

Lesson 19

tener ganas
to feel like
–¿Tienes ganas de bailar? –No, no tengo ganas.
'Do you feel like dancing?' 'No, I don't feel like it.'

Expresar obligación — Expressing obligation

Lesson 23

Tener que + infinitivo:

tener que (hacer)
to have to (do)
Tienes que estar en la parada a las ocho.
You have to be at the bus stop at eight.
Tengo que comprar un billete.
I have to buy a ticket.

Otras expresiones para decir qué nos gusta y qué no nos gusta
More expressions of likes and dislikes

Lesson 11

The following expressions are constructed in the same way as **gustar**:

Me encanta la música pop.
I love pop music.
¿Te interesan las ciencias?
Are you interested in science?
Le aburre la música clásica.
She is bored by classical music.

Orden de palabras en preguntas — Word order in questions

Lesson 4

Word order in questions usually follows the following pattern: Question word + verb + noun.

¿Dónde trabaja tu padre?
Where does your father work?

A

el abanico *fan (hand)*
abierto/a *open*
abrazar *to embrace, hug*
un abrazo *love from ... (at the end of a letter)*
aburrido/a *boring; bored*
la aceituna *olive*
acostarse *to go to bed*
la acrobacia *acrobatics*
activo/a *active*
la actuación *performance*
la actualidad *nowadays*
acuático/a *water (adj)*
el acuerdo *agreement*
estar de acuerdo *to agree*
¡adelante! *come on!, move on!, let's go!; come in!*
además *besides*
la adicción *addiction*
la adivinanza *riddle*
afortunado/a *fortunate*
las afueras *outskirts*
el aire acondicionado *air conditioning*
el ajedrez *chess*
ajustado/a *tight (clothes)*
el ala (f) *wing (bird)*
alegre *happy, lively*
algo *something, anything*
¿algo más? *anything else?*
el algodón *cotton*
alguno/a *some*
la alpaca *alpaca (animal similar to a llama)*
las alpargatas *espadrilles (rope-soled canvas shoes)*
apasionado/a *passionate*
alquilar *to rent, to hire*
alto/a *tall*
el alumno/la alumna *student, pupil*
amar *to love*
el amor *love*
la ampliación *extension*
amplio/a *spacious*
ancho/a *wide*
andar *to walk*
el anillo *ring (jewellery)*
antes *before*
antiguo/a *ancient, old, old-fashioned*
antipático/a *unfriendly*
el anuncio *advertisement*
aparecer *to appear*
aprobar *to pass (an exam)*
el armario *wardrobe*
el arte *art*
la artesanía *crafts*
el ascensor *lift (elevator)*
así *like this*
el aula (f) *classroom*
los autos de choque *dodgem cars*
la ayuda *help, support*
el azúcar *sugar*

B

bajo/a *short*
el baloncesto *basketball*
el banco *bench, bank*
barato/a *cheap*
el barco *boat*
la barra *French stick (bread)*
la batalla *battle*
la batería *drum kit*
besar *to kiss*
la biblioteca *library*
la bicicleta de montaña *mountain bike*
bienvenido/a *welcome*
el bigote *moustache*
la bisutería *costume jewellery*
la blusa *blouse*
la boa *boa constrictor*
la boca *mouth*
el bombón *a chocolate*
el bonobús *bus pass*
el bosque *wood (trees)*
la bota *boot*
el bote *jar*
el botijo *clay drinking vessel*
el brazo *arm*
brillar *to shine*

C

los caballitos *merry-go-round*
la cabeza *head*
cada *each, every*
caer *to fall*
el caimán *alligator*
la caja *box*
el cajero/la cajera *cashier, checkout person*
la calidad *quality*
cálido/a *hot (climate), warm*
el calor *heat*
las calorías *calories*
el camarero/la camarera *waiter/waitress*
cambiar *to change*
el camello *camel*
caminar *to walk*
la camisa *shirt*
la camiseta *T-shirt*
el campo *countryside*
la canción *song*
los canelones *cannelloni*
el canguro/la canguro *baby-sitter*
cansado/a *tired*
el cantante/la cantante *singer*
la cantidad *quantity*
el canto *song*
el capítulo *chapter, episode*
la cara *face*
el carácter *character, personality*
la característica *characteristic*
el caramelo *a sweet*
el carbón *coal*
la caricatura *caricature*
la carne *meat*

la carnicería *butcher's*
carnívoro/a *meat-eating*
caro/a *expensive*
el carpintero/la carpintera *carpenter*
la carrera *race*
el carro *cart; car (LatAm)*
el cartón *cardboard*
la castañuela *castanet*
el catálogo *catalogue*
la cazadora *bomber jacket*
el CD ROM *CD ROM*
celebrar *to celebrate*
el cementerio *cemetery*
el cepillo de dientes *toothbrush*
la cera *wax*
la cerámica *ceramics, pottery*
la cereza *cherry*
la cesta *basket*
la chaqueta *jacket*
la charcutería *delicatessen*
charlar *to chat*
el chavo *young boy (Mexico)*
el chicle *chewing gum*
las chucherías *sweets*
el ciclo *cycle*
las ciencias sociales *social science (Geography or History)*
las ciencias *science*
el cine *cinema*
la cinta *tape*
claro/a *light (colour); clear*
la clase *class*
las clases particulares *private classes/lessons*
las clases de recuperación *extra lessons before resits*
clásico/a *classical*
el clima (m) *climate*
el cocodrilo *crocodile*
la cola *tail; queue*
la coleta *ponytail*
colgar *to hang*
el colibrí *humming bird*
el collar *necklace*
el columpio *swing (children's)*
la comedia *comedy*
el cómic *comic*
como *like, as*
cómo *how*
cómodo/a *comfortable*
complicado/a *complicated*
hacer la compra *to do the shopping*
las compras *the shopping*
ir de compras *to go shopping*
el computador *computer (LatAm)*
común *common*
el concurso *competition, quiz*
el cóndor *condor*
el conductor/la conductora *driver*
el conjunto *group (music)*
la consola *console*
el corazón *heart*
corresponder *to correspond*
el corte *a cut*
el corte de pelo *a haircut*
corto/a *short*
la cremallera *zip*
el cristal *glass*
el croissant *croissant*
los cuadros *checks (on shirt)*
la cualidad *quality*
el cuarto *a quarter; a room*
el cucurucho *ice cream cornet*
el cuello *neck*
el cuento *short story*
el cuero *leather*
el cuestionario *questionnaire*
la cueva *cave*
cuidar *to look after*
el cumpleaños *birthday*

D

el dado *dice*
decidir *to decide*
decir *to say, tell*
decorar *to decorate*
defecto *defect*
delgado/a *thin*
los demás *the other(s)/ the rest*
demasiado corto *too short*
demasiado tarde *too late*
demasiado *too much*
el dependiente/la dependienta *shop assistant*
el deporte *sport*
la derecha *right (direction)*
descalzo/a *barefooted*
el descenso *descent*
desde *from, since*
el desempleado/la desempleada *unemployed*
el desfile *parade, procession*
despacio *slow, quiet*
despreocupado/a *unworried, carefree*
después *after*
el detalle *detail*
determinado/a *determined*
detrás *behind*
devolver *to give back*
el diálogo *dialogue*
el dibujo *drawing, art*
el diente *tooth*
la dieta *diet*
difícil *difficult*
el dinero *money*
el dios/la diosa *god*
Dios *God*
el disco compacto *compact disk*
el disco duro *hard disk*
la discoteca *disco*
diseñar *to design*

el disfraz *fancy dress*
el disquete *floppy disk*
divertido/a *fun*
el documental *documentary*
el domicilio *home address*
dormir *to sleep*
los dulces *sweets*
durar *to last*
duro *hard*

E

la ecología *ecology*
ecológico/a *ecological*
la edad *age*
la educación física *physical education*
los efectos *effects*
los electrodomésticos *domestic appliances*
el elefante *elephant*
elegir *to choose*
emocionante *exciting*
la empanadilla *patty, small pie*
el empleado/la empleada *employee*
enamorado/a *in love*
encantar *to enchant*
me encanta *I love it*
la encuesta *survey*
la energía *energy*
el enfermero/la enfermera *nurse*
enfrente *opposite*
enseñar *to show; to teach*
entonces *then*
la entrada *entrance*
entre *between*
entretenido/a *entertaining*
la entrevista *interview*
la escalera *stair*
el escaparate *shop window*
el escultor/la escultora *sculptor*
la escultura *sculpture*
esencial *essential*
el espectáculo *spectacle*
el espejo *mirror*
esperar *to wait for; to hope*
el estadio *stadium*
estampado/a *printed (fabric)*
la estrella (de televisión) *(television) star*
estupendo/a *fantastic, marvellous, great*
los exámenes *exams*
la excusa *excuse*
exigente *demanding*
la explicación *explanation*
explicar *to explain*
la extinción *extinction*
extrovertido/a *extrovert*

F

fabuloso/a *fabulous*
fácil *easy*
las facilidades *facilities*
la falda *skirt*
la farmacia *chemist's, pharmacy*
la fecha de nacimiento *date of birth*
festivo/a *holiday*
la ficha *counter (for a game)*
la ficha *form (to fill in)*
la figura *ornament, figure*
la fila *queue*
final *final, end*
al final *at/to the end*
físicamente *physically*
el flamenco *flamenco*
el flan *crème caramel*
la flauta *flute*
el folleto *leaflet, brochure*
frágil *fragile*
la frambuesa *raspberry*
la frente *forehead*
la fresa *strawberry*
el frigorífico *fridge*
frío/a *cold*
la frutería *fruit stall/shop; greengrocer's*
el fuego *fire*
los fuegos artificiales *fireworks*
la fuente *fountain*
fuerte *strong*
funcionar *to function, to work*
fundarse *to be founded, be based on*

G

las gafas *glasses, spectacles*
las gafas de sol *sunglasses*
las gambas *prawns*
gastar *to spend (money)*
los gemelos *twins*
generalmente *generally*
el gigante/la gigante *giant*
gigante (adj) *giant*
el gimnasio *gymnasium*
golpear *to hit, strike*
gordo/a *fat*
grabar *to record*
gracioso/a *funny, amusing*
los gráficos *graphics*
los grandes almacenes *department store*
gratis *free*
gritar *to shout*
el grupo *group*
guapo/a *handsome, beautiful*
el guía/la guía *guide*
la guitarra *guitar*

H

el hambre (f) *hunger*
el heavy *heavy metal (music)*
el helado *ice cream*
el hipermercado *hypermarket*
el hipopótamo *hippopotamus*
la historia de amor *love story*
¿a qué hora? *what time?*
el horario *timetable*
el humor *humour*

I

ida y vuelta *return (ticket)*
la iglesia *church*
igual(es) *the same*
la iguana *iguana*
iluminar *to light up*
incluso *including; even*
el indígena/la indígena *native; LatAm Indian*
infantil *children's*
la informática *information technology*
el ingeniero/la ingeniera *engineer*
la inseguridad *insecurity*
inseguro/a *insecure*
inspirar *to inspire*
el instituto *secondary school*
el instrumento *instrument*
inteligente *intelligent*
intensivo/a *intensive*
interesante *interesting*
el interior *interior*
introvertido/a *introverted*
ir *to go*
ir a comprar *to go shopping*
ir de compras *to go shopping*
la isla *island*
la izquierda *left (direction)*

J

el jaguar *jaguar*
la jarra *jug*
el jarrón *vase*
el jersey *sweater*
la jirafa *giraffe*
el joven/la joven *young person, youngster*
jugar *to play*
el juguete *toy*
juvenil *young, juvenile*

K

el kiosco *kiosk*

L

el laberinto *labyrinth, maze*
el laboratorio *laboratory*
al lado de *beside, by the side of, next to*
largo/a *long*
la lata *tin, can*
la lavadora *washing machine*
lejos *far, a long way*
el lenguaje *language*
el león/la leona *lion/lioness*
la leyenda *legend*
el libro de terror *horror book*
el lince *lynx*
liso/a *straight (hair), smooth*
la lista (de la compra) *shopping list*
listo/a *ready*
la literatura *literature*
la llama *llama (animal)*
el llavero *key ring*
llevar *to wear; to carry; to take*
loco/a *mad*
el lomo *pork (fillet)*
la lucha *fight*
el lugar *place*

la madera *wood (material)*
malo/a *bad*
mandar (una carta) *to send (a letter)*
manga corta *short-sleeves*
manga larga *long-sleeves*
el maquillaje *make-up*
la máquina *machine*
marearse *to faint; to feel sick*
mayor *older*
el mecánico/la mecánica *mechanic*
mediano/a *medium, average*
el médico/la médica *doctor*
el medio de transporte *means of transport*
medir *to measure*
mejorar *to get better, improve*
la melena *long, loose hair (flowing)*
el melocotón *peach*
melodramático/a *melodramatic*
menor *younger*
la mentira *lie (noun)*
el mercado *market*
merendar *to have an afternoon snack/picnic*
la merienda *afternoon snack/picnic*
el mestizo/la mestiza *person of mixed race*
el miedo *fear*
la miel *honey*
mimar *to spoil*
mismo/a *same*
la moda *fashion*
el monedero *purse*
el monitor *monitor*
el mono/la mona *monkey*
la montaña rusa *big dipper*
montar *to ride*
moreno/a *dark (complexion, hair)*
muchas veces *often*
muerto/a *dead*
la muñeca *doll*

el museo *museum*
la música clásica *classical music*
el musical *musical show*

N

el nacimiento *birth*
la nacionalidad *nationality*
nada *nothing*
el ñandú *rhea (South American ostrich)*
la naranja *orange (fruit)*
la nariz *nose*
nervioso/a *nervous, excited*
el niki *casual sports shirt*
nocturno/a *nocturnal*
el noreste *northeast*
la noria *big wheel (at a fair)*
normalmente *normally*
el noroeste *northwest*
las noticias *news*
el novio/la novia *fiancé/fiancée*
nuevo/a *new*
el número *number*
nunca *never*

el ocelote *ocelot (type of wild cat)*
odiar *to hate*
la oficina *office*
el ojo *eye*
olvidar *to forget*
la ópera *opera*
el orangután *orang-utan*
el ordenador *computer*
la oreja *ear*
organizar *to organise*
el origen *origin*
el oro *gold*
oscuro/a *dark*
el oso *bear*
el oso pardo *brown bear*
la oveja sheep

P

la paciencia *patience*
la paga *pocket money*
el palacio *palace*
la palanca *joystick*
las palomitas *popcorn*
el pan *bread*
la panadería *baker's*
la pantalla *screen*
el pantalón, los pantalones *trousers*
el pantalón corto *shorts*
el pañuelo *handkerchief, scarf*
el papel *paper*
la papelería *stationer's*
la parada *bus stop*
pasar *to spend time; to pass by*
pasárselo bien *to have a good time*
el pasillo *corridor, hallway*
el pastel *cake*
la pata *foot, hoof (animal)*
patinar (sobre hielo) *to (ice) skate*
los patines *skates*
pedir *to ask for, order (in a restaurant)*
el peinado *hairstyle*
la película *film*
peligroso/a *dangerous*
pelirrojo/a *red-haired*
el pelo *hair*
la peluca *wig*
el peluquero/la peluquera *hairdresser*
la peluquería *hairdresser's*
los pendientes *earrings*
peor *worse*
perezoso/a *lazy*
el perfume *perfume*
el periódico *newspaper*
la personalidad *personality*
pesado/a *boring, heavy-going*
la pescadería *fishmonger's*
el pescado *fish*
el piano *piano*
el picnic *picnic*
el pico *beak; peak (of mountain etc.)*
la piel *skin; fur*
la pierna *leg*
el pingüino *penguin*
el pintor/la pintora *painter*
las pipas *sunflower seeds*
la pirámide *pyramid*
planear *to plan*
la planta baja *ground floor*
el plástico *plastic*
la plata *silver*
la pluma *fountain pen; feather*
poco *little, not much*
poder *to be able*
la policía *police*
el polo (de hielo) *ice lolly*
ponerse *to get*
el pop *pop music*
por la tarde; por la mañana *in the afternoon; in the morning*
el porrón *glass drinking vessel*
posesivo/a *possessive*
práctico/a *practical*
el precio *price*
precioso/a *beautiful*
preferir *to prefer*
preparar *to prepare*
el presentador/la presentadora *presenter (TV)*
primero/a *first*
la princesa *princess*
el príncipe *prince*
probar *to try on (clothes); to try (food)*
el producto *product*
el programa *programme*

pronto *soon*
la propina *tip; pocket money*
protagonizar *to star in, play the lead in*
la provincia *province*
el proyecto *project*
la pulsera *bracelet*
el puma *puma*

Q

el quetzal *quetzal (tropical bird from LatAm)*
la química *chemistry*
el quinto/la quinta *fifth*

R

la rana *frog*
el rap *rap (music)*
rápido/a *fast*
el rastro *street bric-a-brac market*
el ratón *mouse*
las rayas *stripes*
realista *realist*
el rebaño de ovejas *flock of sheep*
el recepcionista/la recepcionista *receptionist*
recoger *to collect; to clear up*
recortar *to cut out*
el recreo *playtime*
redondo/a *round*
referirse *to refer to*
el refresco *soft drink*
regalar *to give a present*
el regalo *present, gift*
la regata *boat race*
el reggae *reggae (music)*
la región *region*
renunciar *to renounce*
el repaso *revision*
(estar) resfriado/a *to have a cold*
respetuoso/a *respectful*
responder *to respond, answer*
responsable *responsible*
la respuesta *response, answer*
el resto *the rest, the remainder*
revés *opposite, reverse*
al revés *the other way round*
la revista *magazine*
rizado *curly (hair)*
el rock *rock music*
romántico/a *romantic*
romper *to break*
la ropa *clothes*
rubio/a *blonde*
la ruta *route*

S

la sala *room, hall*
salir *to go out, leave*
el salón de actos *(concert/assembly) hall*
la salsa *salsa music*
salvar *to save, rescue*
la sandalia *sandal*
el saxofón *saxophone*
el secretario/la secretaria *secretary*
la secuencia *sequence*
la sed *thirst*
la seda *silk*
según *according to*
la segunda planta *second floor*
seleccionar *to select, choose*
sensible *sensitive*
el sentido de humor *sense of humour*
los sentimientos *feelings*
la (seria de) comedia *comedy (series)*
serio/a *serious*
la serpiente *snake*
los servicios *toilets*
el sexista/la sexista *sexist*
la sexta *sixth*
siempre *always*
significar *to mean, signify*
siguiente *next, following*
la sílaba *syllable*
el silencio *silence*
silencioso/a *silent*
simpático/a *nice, pleasant (person)*
sincero/a *sincere*
el sitio *place*
sobre *about; on top of*
sobresaliente *excellent (mark in exam equivalent to a grade 'A')*
solitario/a *solitary*
solo/a *alone*
sólo, solamente *only*
el sonido *sound*
el sótano *basement*
subir *to go up, climb*
la sugerencia *suggestion*
sugerir *to suggest*
el supermercado *supermarket*
el sureste *southeast*
el suroeste *southwest*

T

la talla *size*
tardar *to take (time)*
el taxista/la taxista *taxi driver*
el teatro *theatre*
el tebeo *comic (usually for children)*
el teclado *keyboard (musical or computer)*
la tecnología *technology*
la tela *fabric, material*
la telenovela *soap opera*
el telescopio *telescope*
tener calor *to be hot*
tener frío *to be cold*
tener ganas *to feel like doing something*
tener hambre *to be hungry*
tener miedo *to be afraid*
tener sed *to be thirsty*

el tercero/la tercera *third*
el terciopelo *velvet*
terminar *to finish*
el terror *terror, horror*
testarudo *stubborn*
el tiburón *shark*
el tiempo libre *free time*
el tigre *tiger*
tímido/a *timid, shy*
el tipo *type*
la tirita *plaster (for cut finger)*
el tirón *pull, tug (noun)*
los tirones de orejas *ear pulling*
el tobogán *slide (at children's playground)*
todos los sábados *every Saturday*
tonto/a *stupid*
la tortuga *tortoise*
trabajador(a) *hardworking*
traer *to bring*
la tranquilidad *peace*
tranquilo/a *peaceful, calm*
el trapo *cloth, duster*
travieso/a *naughty*
el tren de vapor *steam train*
la trenza *plait*
triste *sad*
la trompa *trunk*
la trompeta *trumpet*
el tucán *toucan*
el turismo *tourism*
el turista/la turista *tourist*
turístico/a *touristic*

último/a *last*
único/a *only*
útil *useful*
la uva *grape*

V

la vainilla *vanilla*
¿vale? ¡vale! *OK, all right*
los vaqueros *jeans*
las variedades *variety show*
varios(as) *various, several*
el vasito *tub of ice cream*
una vez *once*
las veces *times*
a veces *sometimes*
dos veces al mes *twice a month*
vender *to sell*
la verdad *the truth*
¿verdad? *isn't it? aren't they? etc.*
el vestido *dress (noun)*
el viaje *journey*
el videojuego *computer game*
viejo/a *old*
violento/a *violent*
el violín *violin*
la visita *visit*
el volcán *volcano*
volver *to return, go back*

Z

las zapatillas de deporte *sports shoes, trainers*
el zumo de tomate *tomato juice*

A

about *sobre*
according to *según*
acrobatics *la acrobacia*
active *activo/a*
addiction *la adicción*
advertisement *el anuncio*
after *después*
age *la edad*
agreement *el acuerdo*
to agree *estar de acuerdo*
alligator *el caimán*
alone *solo/a*
alpaca *la alpaca*
always *siempre*
ancient *antiguo/a*
animation *la animación*
to appear *aparecer, parecer*
architect *el arquitecto*
arm *el brazo*
art *el arte*
to ask for, order *pedir*

B

baby-sitter *el canguro/la canguro*
bad *malo/a*
baker's *la panadería*
bank *el banco*
bare-footed *descalzo/a*
basement *el sótano*
basket *la cesta*
basketball *el baloncesto*
battle *la batalla*
to be able *poder*
to be afraid *tener miedo*
to be cold *tener frío*
to be hot *tener calor*
to be hungry *tener hambre*
to be thirsty *tener sed*
bear *el oso*
beautiful *precioso/a*
before *antes*
behind *detrás*
bench *el banco*
besides *además*
between *entre*
big dipper *la montaña rusa*
big wheel (at a fair) *la noria*
birth *el nacimiento*
birthday *el cumpleaños*
blond(e) *rubio/a*
blouse *la blusa*
boa constrictor *la boa*
boat *el barco*
boot *la bota*
boring; bored *aburrido/a*
box *la caja*
bracelet *la pulsera*
bread *el pan*
to break *romper*
to bring *traer*
bus stop *la parada*
bus pass *el bonobús*
butcher *la carnicería*

C

cake *el pastel*
camel *el camello*
car *el coche, el carro (LatAm)*
cardboard *el cartón*
caricature *la caricatura*
carpenter *el carpintero*
cart *el carro*
cashier, checkout person *el cajero/la cajera*
castanet *la castañuela*
catalogue *el catálogo*
cave *la cueva*
celebrate *celebrar*
cemetery *el cementerio*
ceramics, pottery *la cerámica*
to change *cambiar*
chapter, episode *el capítulo*
character, personality *el carácter*
characteristic *la característica*
to chat *charlar*
cheap *barato/a*
checks (on shirt) *los cuadros*
chemistry *la química*
chemist's *la farmacia*
cherry *la cereza*
chess *el ajedrez*
chewing gum *el chicle*
to choose *elegir*
church *la iglesia*
cinema *el cine*
class *la clase*
classical *clásico/a*
classical music *la música clásica*
classroom *el aula (f)*
clear *claro/a*
climate *el clima*
to climb, go up *subir*
clothes *la ropa*
coal *el carbón*
cold (temp) *el frío*
cold (sickness) *el resfriado*
collect, clear up *recoger*
comedy *la comedia*
(comedy) series *la serie (de comedia)*
comfortable *cómodo/a*
comic *el cómic, el tebeo*
common *común*
compact disk *el disco compacto*
competition, quiz *el concurso*
complicated *complicado/a*
computer *el computador (LatAm); el ordenador (Spain)*

computer game *el videojuego*
concert/assembly hall *el salón de actos*
condor *el cóndor*
console *la consola*
contradictory *contradictorio/a*
to correspond *corresponder*
corridor, hallway *el pasillo*
cotton *el algodón*
counter (for game) *la ficha*
countryside *el campo*
crocodile *el cocodrilo*
croissant *el croissant*
croquette *la croqueta*
curly (hair) *rizado/a*
to cut out *recortar*

D

dangerous *peligroso/a*
dark *oscuro/a*
dark (complexion, hair) *moreno/a*
date of birth *la fecha de nacimiento*
dead *muerto/a*
to decide *decidir*
decided *decidido/a*
to decorate *decorar*
defect *el defecto*
demanding *exigente*
department store *los grandes almacenes*
to design *diseñar*
detail *el detalle*
determined *determinado/a*
dialogue *el diálogo*
dice *el dado*
diet *la dieta*
difficult *difícil*
disco *la discoteca*
to do *hacer*
to do the shopping *hacer la compra*
doctor *el médico/la médica*
documentary *el documental*
dodgem car *el auto de choque*
doll *la muñeca/el muñeco*
drawing *el dibujo*
dress (noun) *el vestido*
driver *el conductor/la conductora*
drum kit *la batería*

E

each, every *cada*
ear *la oreja*
earring *el pendiente*
easy *fácil*
ecological *ecológico/a*
ecology *la ecología*
effect *el efecto*
elephant *el elefante*
to embrace, hug *abrazar*
employee *el empleado/la empleada*
energy *la energía*
engineer *el ingeniero/la ingeniera*
entertaining *entretenido/a*
entrance *la entrada*
espadrilles *las alpargatas*
essential *esencial*
exams *los exámenes*
excellent (mark in exam) *sobresaliente*
exciting *emocionante*
excuse *la excusa*
expensive *caro/a*
to explain *explicar*
explanation *la explicación*
extrovert *extrovertido/a*
eye *el ojo*

F

fabulous *fabuloso/a*
face *la cara*
to faint; to feel sick *marearse*
to fall *caer*
fashion *la moda*
fast *rápido/a*
fat *gordo/a*
fear *el miedo*
to feel like doing something *tener ganas de hacer algo*
feelings *los sentimientos*
fiancé/fiancée *el novio/la novia*
fifth *quinto/a*
fight *la lucha*
film *la película*
final, end *el final*
to finish *terminar*
fire *el fuego*
fireworks *los fuegos artificiales*
first *primero/a*
fish *el pescado*
fishmonger's *la pescadería*
flamenco *el flamenco*
flock of sheep *el rebaño de ovejas*
floppy disk *el disquete*
flute *la flauta*
foot, hoof (animal) *la pata*
forehead *la frente*
to forget *olvidar*
form (to fill in) *la ficha*
fortunate *afortunado/a*
fountain *la fuente*
free *gratis*
free time *el tiempo libre*
fridge *el frigorífico*
frog *la rana*
from, since *desde*
fruit shop; greengrocer's *la frutería*
fun (adj) *divertido/a*
to function, work *funcionar*
funny, amusing *gracioso/a*

G

generally *generalmente*
to get better, improve *mejorar*
giraffe *la jirafa*
to give a present *regalar*
to give back *devolver*
glass (for drinking) *el vaso*; (material) *el cristal*
glasses, spectacles *las gafas*
to go *ir*
to go shopping *ir a comprar, ir de compras*
to go to bed *acostarse*
god *el dios/la diosa*
God *Dios*
gold *el oro*
grape *la uva*
graphics *los gráficos*
ground floor *la planta baja*
group *el grupo*
group (music) *el conjunto, el grupo*
guide *el guía/la guía*
guitar *la guitarra*
gymnasium *el gimnasio*

H

hair *el pelo*
hairdresser *el peluquero/la peluquera*
hairdresser's *la peluquería*
hairstyle *el peinado*
handkerchief *el pañuelo*
handsome, beautiful *guapo/a*
to hang *colgar*
happy, lively *alegre*
hard *duro/a*
hard disk *el disco duro*
hardworking *trabajador(a)*
to hate *odiar*
to have a cold *estar resfriado/a, tener un resfriado*
to have a good time *pasárselo bien*
to have tea *merendar*
head *la cabeza*
heart *el corazón*
heat *el calor*
heavy metal (music) *el heavy, la música heavy*
help, support *la ayuda*
hippopotamus *el hipopótamo*
to hit, strike *golpear*
holiday *el día festivo*
home address *el domicilio, la dirección*
honey *la miel*
to hope *esperar*
hot (climate) *cálido*
how *cómo*
to hug *abrazar*
humour *el humor*
hunger *el hambre*

I

ice cream *el helado*
ice lolly *el polo (de hielo)*
iguana *la iguana*
in the afternoon *por la tarde*
including *incluso*
Indian (LatAm) *el indígena/la indígena*
information technology *la informática*
insecure *inseguro/a*
insecurity *la inseguridad*
instrument *el instrumento*
intelligent *inteligente*
intensive *intensivo/a*
interesting *interesante*
interview *la entrevista*
introverted *introvertido/a*
island *la isla*

J

jacket *la chaqueta*
jaguar *el jaguar*
jar *el bote*
jeans *los vaqueros*
journey *el viaje*
joystick *la palanca, el joystick*
jug *la jarra*

K

keyboard (music and computer) *el teclado*
key ring *el llavero*
to kiss *besar*

L

laboratory *el laboratorio*
language *el lenguaje*
to last *durar*
last *el último/la última*
lazy *perezoso/a*
leather *el cuero*
to leave *salir (bus)*
left (direction) *la izquierda*
leg *la pierna*
library *la biblioteca*
lie (noun) *la mentira*
lift (elevator) *el ascensor*
to light up *iluminar*
like this *así*
lion/lioness *el león/la leona*
literature *la literatura*
llama *la llama*
(ice) lolly *el polo*
long *largo/a*
long way, far *lejos*
long-sleeves *la manga larga*
to look after *cuidar*
to love *amar*
love *el amor*

Love... (in a letter) *un abrazo...*
love story *la historia de amor*
lynx *el lince*

M

machine *la máquina*
mad *loco/a*
magazine *la revista*
make-up *el maquillaje*
market *el mercado*
means of transport *el medio de transporte*
measure *medir*
meat *la carne*
mechanic *el mecánico/la mecánica*
medium, average *mediano/a*
merry-go-round *los caballitos*
mirror *el espejo*
mixed race (adj) *mestizo/a*
money *el dinero*
monitor *el monitor*
monkey *el mono/la mona*
mountain bike *la bicicleta de montaña*
mouse *el ratón*
moustache *el bigote*
mouth *la boca*
museum *el museo*
musical (show) *el musical*

N

nationality *la nacionalidad*
naughty *travieso/a*
neck *el cuello*
necklace *el collar*
nervous, excited *nervioso/a*
never *nunca*
new *nuevo/a*
news *las noticias*
newspaper *el periódico*
next, following *siguiente*
nice, pleasant (person) *simpático/a*
normally *normalmente*
northeast *noreste*
northwest *noroeste*
nose *la nariz*
nothing *nada*
nowadays *la actualidad*
number *el número*
nurse *el enfermero/la enfermera*

ocelot (type of wild cat) *el ocelote*
office *la oficina*
often *muchas veces*
OK *¡vale!*
old *viejo/a*
older *mayor*
olive *la aceituna/oliva*
once *una vez*
one way (ticket) *(un billete) de ida*
only *único/a*
open *abierto/a*
opposite *enfrente*
orange *la naranja*
orang-utan *el orangután*
organise *organizar*
origin *el origen*
others *los demás*
outskirts *las afueras*

P

painter *el pintor/la pintora*
palace *el palacio*
paper *el papel*
parade *el desfile, la cabalgata*
to pass (an exam) *aprobar*
passionate *apasionado/a, pasional*
patience *la paciencia*
peace *la tranquilidad*
peaceful, calm *tranquilo/a*
peach *el melocotón*
peak *el pico*
peanut *el cacahuete*
pen *la pluma, el bolígrafo*
penguin *el pingüino*
performance *la actuación*
perfume *el perfume*
personality *la personalidad*
physical education *la educación física (la gimnasia)*
physically *físicamente*
piano *el piano*
picnic *el picnic*
place *el lugar, el sitio*
plait *la trenza*
to plan *planear*
plaster (for cut finger) *la tirita*
plastic *el plástico*
to play *jugar*
playtime *el recreo*
pocket money *la paga, la propina*
police *la policía*
ponytail *la coleta*
pop (music) *la (música) pop*
popcorn *las palomitas*
pork *el lomo, el cerdo*
practical *práctico/a*
prawns *las gambas*
to prefer *preferir*
to prepare *preparar*
present, gift *el regalo*
presenter (television) *el presentador/la presentadora*
price *el precio*
prince *el príncipe*
princess *la princesa*
printed (fabric) *estampado/a*
private classes *las clases particulares*
procession *el desfile*
product *el producto*
programme *el programa (m)*

project *el proyecto*
province *la provincia*
pull (noun) *el tirón*
puma *el puma*
purse *el monedero*
pyramid *la pirámide*

Q

quality *la calidad*
quality (characteristic) *la cualidad*
quarter *el cuarto*
questionnaire *el cuestionario*
quetzal *el quetzal*
queue *la fila, la cola*

R

race *la carrera*
rap music *la (música) rap*
raspberry *la frambuesa*
receptionist *el recepcionista/la recepcionista*
to record *grabar*
record (disk) *el disco*
recovery *la recuperación*
red-headed *pelirrojo/a*
to refer to *referirse*
reggae *la (música) reggae*
region *la región*
to renounce *renunciar*
to rent, hire *alquilar*
to reply, answer *responder*
reply, answer (noun) *la respuesta*
responsible *responsable*
rest, remainder *el resto*
return *volver*
return (ticket) *ida y vuelta*
revision *el repaso*
rhea *el ñandú*
to ride *montar*
right (direction) *la derecha*
ring (jewellery) *el anillo*
rock (music) *la (música) rock*
romantic *romántico/a*
room, hall *la sala*
round *redondo/a*
route *la ruta*

S

sad *triste*
same *mismo/a*
sandal *la sandalia*
to save *salvar*
saxophone *el saxofón*
to say, tell *decir*
science *las ciencias*
screen *la pantalla*
sculptor *el escultor/la escultora*
sculpture *la escultura*
second floor *la segunda planta, el segundo piso*
secondary school *el instituto*
secretary *el secretario/la secretaria*
to select, choose *seleccionar*
to sell *vender*
to send *mandar*
sensitive *sensible*
sequence *la secuencia*
serious *serio/a*
sexist *sexista*
shark *el tiburón*
sheep *la oveja*
to shine *brillar*
shirt *la camisa*
shop assistant *el dependiente/la dependienta*
shop window *el escaparate*
shopping *las compras*
short *bajo/a, corto/a*
short-sleeves *la manga corta*
shorts *el pantalón corto (los pantalones cortos)*
to shout *gritar*
to show, teach *enseñar*
side (by the side of, next to, beside) *el lado (al lado de)*
to signify, mean *significar*
silence *el silencio*
silent *silencioso/a*
silk *la seda*
silver *la plata*
sincere *sincero/a*
singer *el cantante/la cantante*
sixth *sexto/a*
size *la talla*
to skate *patinar*
skates *los patines*
skin; fur *la piel*
skirt *la falda*
to sleep *dormir*
slide (in playground) *el tobogán*
slowly *despacio, lento*
snack (in afternoon) *la merienda*
snake *la serpiente*
soap opera *la telenovela*
social science *las ciencias sociales*
soft drink *el refresco*
solitary *solitario/a*
some *alguno/a*
sometimes *a veces*
song *la canción, el canto*
soon *pronto*
sound *el sonido*
southeast *sureste*
southwest *suroeste*
spectacle *el espectáculo*
to spend money *gastar dinero*
to spend time *pasar el tiempo*

to spoil (a child) *mimar*
sports *los deportes*
sports shirt *el niki*
sports shoes, trainers *las zapatillas de deporte*
stadium *el estadio*
stairs *la escalera*
stationer's *la papelería*
steam train *el tren de vapor*
story (short) *el cuento*
straight, smooth (of hair) *liso/a*
strawberry *la fresa*
strict *estricto/a*
stripes *las rayas*
strong *fuerte*
stubborn *testarudo/a*
student, pupil *el alumno/la alumna*
stupid *tonto/a*
sugar *el azúcar*
to suggest *sugerir*
suggestion *la sugerencia*
sunglasses *las gafas de sol*
supermarket *el supermercado*
survey *la encuesta*
sweater *el jersey*
sweet (noun) *el caramelo, el bombón*
sweets *los caramelos; las chucherías; los dulces*
swing (children's) *el columpio*
syllable *la sílaba*

T

T-shirt *la camiseta*
tail *la cola*
tall *alto/a*
tape *la cinta*
taxi driver *el taxista/la taxista*
technology *la tecnología*
tooth *el diente*
telescope *el telescopio*
television star *la estrella de televisión*
terror, horror *el terror*
theatre *el teatro*
then *entonces*
thin *delgado/a*
third *tercero/a*
thirst *la sed*
tiger *el tigre*
tight (clothes) *ajustado/a*
time; what time is it? *la hora; ¿qué hora es?*
time (frequency) *la vez*
times, sometimes *veces (a veces)*
timetable *el horario*
timid, shy *tímido/a*
tin, can *la lata*
tired *cansado/a*
toilets *los servicios*
tomato juice *el zumo de tomate*
too late *demasiado tarde*
too much *demasiado*
too short *demasiado corto*
toothbrush *el cepillo de dientes*
tortoise *la tortuga*
toucan *el tucán*
tourism *el turismo*
tourist *el turista/la turista*
touristic *turístico/a*
toy *el juguete*
trousers *el pantalón, los pantalones*
true *verdad*
trumpet *la trompeta*
trunk *la trompa*
to try on *probarse*
tub (of ice cream) *el vasito*
twice a month *dos veces al mes*
twins *los gemelos*
type *el tipo*

U

unemployed person *el desempleado/la desempleada*
unfriendly *antipático/a*
useful *útil*

V

vanilla *la vainilla*
variety show *las variedades*
various, several *varios(as)*
vase *el jarrón*
velvet *el terciopelo*
vertigo *el vértigo*
violent *violento/a*
violin *el violín*
visit *la visita*
volcano *el volcán*

W

to wait for *esperar*
waiter/waitress *el camarero/la camarera*
to walk *andar, caminar*
wardrobe *el armario*
washing machine *la lavadora*
wax *la cera*
to wear; to carry; to take *llevar*
welcome *bienvenido(a)*
wide *ancho/a*
wig *la peluca*
wing (of a bird) *el ala (f)*
wood (material) *la madera*
wood (forest) *el bosque*
worse *peor*

young *joven*
younger *menor*
youngster *el joven/la joven*

Z

zip *la cremallera*